LE RICETTE DELLA DIETA MEDITERRANEA DASH

Il libro di cucina per abbassare la pressione sanguigna e aumentare il metabolismo

INDICE

Chapter 1. Cos'è la dieta mediterranea?

Forse ti starai chiedendo cos'è la dieta mediterranea, e devi sapere che noi la consideriamo più uno stile di vita che una normale dieta. È un modo di mangiare che ti aiuterà a vivere una vita felice e piena. Puoi perdere peso e rafforzare il tuo cuore mentre ti fornisci tutti i nutrienti di cui hai bisogno per una vita lunga e sana. Quelli che seguono questa dieta sono spesso a più basso rischio di cancro, Alzheimer, godono di una maggiore durata della vita e di una migliore salute cardiovascolare. La dieta mediterranea contiene cibi ricchi di oli salutari, pieni di verdure e frutta, e cibi a basso contenuto di grassi saturi.

Questo è un piano alimentare sano per il cuore basato sul cibo che si può trovare nel Mediterraneo, che comprende un buon numero di paesi. Include pasta, riso, verdure e frutta, ma non permette molta carne rossa. Anche le noci fanno parte di questa dieta, ma dovrebbero essere limitate a causa del fatto che sono ricche di grassi e calorie. La dieta mediterranea limita il consumo di grassi e scoraggia il consumo di grassi saturi o trans. Entrambi i tipi sono stati collegati alle malattie cardiache. I cereali sono spesso serviti interi e il pane è una parte importante dello stile di vita, ma il burro non gioca un ruolo importante. Tuttavia, il vino ha un posto enorme nella dieta mediterranea, sia in cucina che includendo un bicchiere con ogni pasto se siete in età. La fonte primaria di grassi in questa dieta è l'olio d'oliva e il pesce grasso, tra cui aringhe, sgombri, tonno bianco, sardine e trote, che sono ricchi di acidi grassi omega 3. Con la dieta mediterranea, stai dando al tuo corpo i nutrienti e le vitamine di cui ha bisogno in modo da non sentire la fame. Tuttavia, richiede un grande impegno a mangiare cibi naturali, eliminare le tentazioni e cucinare pasti regolari. Se amate cucinare, questo non è un grande cambiamento, ma per coloro che hanno poche abilità in cucina, può essere un compito scoraggiante e gratificante allo stesso tempo. Naturalmente, come per qualsiasi dieta, mantenersi ben idratati e fare un moderato esercizio fisico farà molta strada!

La popolarità della Dieta Mediterranea non è spuntata a causa di alcune nuove tendenze alimentari tra i giovani. I nativi che vivono nelle zone costiere del Mar Mediterraneo hanno accesso a frutta, verdura, carne, pesce, olio d'oliva e vini simili.

Le persone che vivono in queste zone tendono a seguire le stesse abitudini alimentari e sono state trovate molto più sane degli americani medi. È un'apertura di occhi per molti. Le analisi approfondite che seguono in questo particolare piano di dieta vi aiuteranno a rafforzare la vostra salute e l'immunità.

Alcuni dei benefici includono:

- Conservazione della memoria - La demenza e le malattie di Alzheimer gettano la loro ombra oscura sugli anziani che vivono in tutti gli angoli del mondo. La cosa triste è che, una volta che la malattia si insedia, non c'è cura. Sorprendentemente, le persone nelle aree mediterranee sono riuscite a tenere a bada questi disturbi. Anche all'età di 95 anni, gli anziani possono ricordare i loro ricordi d'infanzia. Poiché la dieta mediterranea è piena di ingredienti freschi, impedisce al cervello di cadere preda di queste malattie.
- Riduce il declino cognitivo - Con l'età, le cellule del cervello sono anche suscettibili di danni. Questo non solo apre la strada a problemi di memoria, ma ha anche altri sintomi mentali e fisici. Le proprietà curative degli ingredienti freschi usati nella preparazione dei cibi mediterranei prevengono i danni e la degenerazione precoce delle cellule cerebrali. Oltre a prevenire la perdita di memoria, questa dieta assicurerà che tu abbia funzioni cerebrali complessivamente sane. La dieta garantirà anche una maggiore produzione di cellule cerebrali. Quindi, ci sarà uno sviluppo olistico della vostra efficienza mentale.
- Prevenzione dei problemi di cuore - Le malattie cardiovascolari sono dilaganti tra la popolazione adulta negli Stati Uniti. Le indagini mediche mostrano che un enorme 40% di tutti gli adulti ha una qualche forma di problema cardiaco. Questi possono essere attribuiti al consumo di cibi spazzatura e trasformati. Tuttavia, questi numeri sono più bassi nelle nazioni mediterranee.

Di nuovo, la loro dieta gioca un ruolo importante nel mantenere il cuore attivo e senza malattie. La selezione di ingredienti non trasformati, grassi naturali e buoni e una dose costante di vino mantengono il cuore in perfette condizioni. Le forti pareti del cuore possono pompare sangue ossigenato a tutte le parti del corpo, prevenendo così qualsiasi malattia legata alla circolazione.

Seguire continuamente la dieta mediterranea aiuterà i pazienti a sbarazzarsi del colesterolo cattivo. Con la diminuzione delle LDL, le loro funzioni cardiache miglioreranno grazie alla mancanza di depositi di grasso nelle arterie.

- Ossa forti - È comune per le persone perdere la forza e la consistenza delle loro ossa quando invecchiano. Mentre la percentuale di pazienti che arrivano con problemi di fragilità ossea negli Stati Uniti è alta, lo stesso non è vero per le persone che seguono modelli alimentari mediterranei. Le verdure a foglia verde sono una buona fonte di calcio. I piatti mediterranei usano anche il latte, che è un'altra fonte di vitamina A e di calcio.

Oltre a questo, l'uso del formaggio aggiunge anche il valore nutrizionale. Tutti questi componenti si uniscono per rendere la dieta mediterranea buona per la salute delle ossa. Previene la frattura e la fragilità delle ossa. Le donne che hanno sperimentato la menopausa affrontano problemi legati alle ossa. La dieta mediterranea è il modo migliore per combattere la situazione senza dipendere dagli integratori di calcio.

- Minori possibilità di diabete - L'abbuffata indiscriminata di fast food aumenta le possibilità di problemi di zucchero nel sangue tra i giovani. Poiché la dieta mediterranea è povera di grassi saturi e di condimenti inutili, si può mettere un freno alle possibilità di sviluppare il diabete. I piatti sono composti da cereali integrali, insieme a carboidrati sani. Oltre a mantenere livelli di zucchero normali, questi ingredienti riempiranno il vostro corpo con riserve infinite di energia.
- Combatte i disturbi mentali - Lo stile di vita urbano è molto frenetico, dove tutti corrono verso il raggiungimento dei loro obiettivi. La corsa dei topi ha un impatto negativo sulla mente e sul corpo. Questo rende la persona vulnerabile ai disturbi mentali come la depressione, lo stress e l'ansia. Se desiderate una tregua da questi disturbi, allora seguire la dieta mediterranea è la soluzione migliore. Sarai il 98% meno incline a sviluppare i sintomi di ansia, stress e depressione.

- Proprietà preventive del cancro - Attenersi alle diete mediterranee, che possono essere categorizzate sotto questo gruppo, abbasserà anche le probabilità di cancro.
- Assiste nella gestione del peso - Il segreto per gestire il peso sta nella dieta mediterranea. Seguire questo modello di dieta non solo vi aiuterà a perdere peso senza compromettere le esigenze nutrizionali, ma vi sarà utile anche per la sua gestione. Le verdure fresche e la frutta non aggiungono al tuo grasso corporeo. Il succo di lime, religiosamente usato nelle cucine mediterranee, è noto per le sue proprietà di riduzione del grasso. Essi dipendono dai grassi naturali delle noci e del formaggio e non dai cibi lavorati.
- Buono per le attività legate all'intestino - Gli esperti credono che un intestino sano sia vitale per un corpo sano. I batteri buoni o microbioma si trovano in abbondanza nell'intestino umano. Senza questi batteri, l'intestino non sarà in grado di svolgere correttamente la sua funzione. I grassi saturi e gli alimenti trattati artificialmente non ospitano il microbioma. La dieta mediterranea è composta da frutta fresca, verdura e noci, mentre il loro mezzo di cottura è l'olio d'oliva. Anche il vino fermentato contiene batteri buoni in quantità elevate. Quindi, seguendo questo piano di dieta, il tuo intestino rimarrà in ottima forma, e la risultante lucentezza sana sarà evidente sul tuo viso.
- Longevità e salute - Quando invecchiamo, anche la nostra forza esteriore e interiore e l'immunità diminuiscono. Le persone che dipendono da una dieta basata in gran parte sul concetto di cibo mediterraneo mantengono la loro giovinezza e vitalità più a lungo. Gli ingredienti naturali hanno un impatto positivo sulle cellule del corpo, riducendo così il ritmo della loro degenerazione. Il risultato finale è che potrete godere di una vita sana e più lunga.

I nutrienti da seguire e la loro influenza sulla salute del cuore

Per ridurre il rischio di futuri problemi cardiaci, alimentatevi principalmente con una varietà di cibi vegetali minimamente lavorati, tra cui molta verdura, frutta, cereali integrali, noci, semi e legumi/fagioli. Anche il pesce, i latticini e la carne magra possono aiutare, purché si adattino alle vostre preferenze alimentari generali. Per migliorare la salute del tuo cuore, devi iniziare a consumare grassi monoinsaturi e acidi grassi omega 3. Uno dei vantaggi significativi della dieta mediterranea è che incoraggia il consumo di questi oli e grassi sani. L'olio d'oliva è ricco di acido alfa-linolenico o ALA, che aiuta a migliorare la salute del cuore. Uno dei principali problemi di salute che affliggono l'umanità in questi giorni è la malattia cardiovascolare. Il modo migliore per combattere la situazione è migliorare la salute del cuore. L'acido nitrico presente nell'olio d'oliva, insieme a tutti gli antiossidanti, aiuta a ridurre l'ipertensione mentre elimina le placche accumulate nei vasi sanguigni. Invertendo il processo di ossidazione interna, aiuta a migliorare la tua salute cardiovascolare.

Colesterolo alto

Se il colesterolo alto LDL (cattivo) è un problema, scegliere cibi con più grassi non saturi e meno grassi saturi può risolvere il problema. Come regola di base, questo significa ottenere più grassi da cibi vegetali come olio d'oliva, noci, semi, avocado e meno da cibi animali come burro e costolette. L'eccezione è il pesce, un animale con grassi prevalentemente sani che dovrebbe essere incluso nella vostra dieta. Gli oli di cocco e di palma sono di origine vegetale ma pieni di grassi saturi che aumentano il colesterolo e che dovrebbero essere lasciati fuori.
Anche le FIBRE SOLUBILI, che si trovano in alimenti come avena, piselli, lino e legumi, possono aiutare. Troverete questi ingredienti nelle ricette di questo libro.
Il colesterolo nel sangue di alcune persone scende quando riducono l'assunzione di cibi ricchi di COLESTEROLO come uova, carne e gamberetti, ma per la maggior parte di esse ha poco effetto. La proteina di soia aiuta, ma ce ne vuole un bel po' per fare la differenza. Gli sforzi dietetici possono abbassare il colesterolo di circa il 20%, ma i livelli di colesterolo sono in gran parte ereditati, quindi non stupitevi se il vostro medico vi incoraggia a prendere dei farmaci, nonostante i vostri sforzi.

Garanzia di perdita di peso

Se avete tentato molte diete in passato, vi renderete conto che può essere una sfida trovare una dieta poliedrica. Questo significa che cercare una dieta che raggiunga la perdita di peso e vi mantenga in ottima salute è difficile.
Cosa significa allora cambiare le proprie abitudini alimentari per integrare i cibi mediterranei? Una cosa è certa: puoi perdere peso e avere ancora

una varietà di ingredienti nei tuoi pasti. Con circa 20 paesi diversi che influenzano la dieta, è garantito che troverete molte opzioni per mangiare in modo sano. Non ci sono regole rigide, basta attenersi all'influenza mediterranea e questo vi aiuterà a perdere quei chili. Ci sono molte proteine se seguite la dieta, che vi daranno un effetto di sazietà. Non solo, la maggior parte di esse rende il tuo corpo più sano; non si accumulano grassi in eccesso e si mandano al negozio.

Inoltre, poiché vi sentite più sani, vi incoraggia a fare più esercizio. Mentre gli allenamenti non aiutano necessariamente a perdere peso, aiutano in molti altri modi. Poiché il tuo sangue pompa più velocemente, il tuo cuore può farcela meglio. I muscoli e le ossa diventano più forti. Più endorfine si producono durante l'esercizio, migliore è l'umore. Quindi, non si tratta solo di cibo, ma di sentirsi bene e di desiderare di essere più sani.

Non c'è bisogno di morire di fame o di tagliare le porzioni di cibo, ma passando naturalmente a cibi più sani, è possibile perdere peso e mantenerlo. Tutto sta nel sapere quali cibi si mangiano per ottenere i propri nutrienti. Per esempio, stai lontano dalla carne rossa e ti affidi a cose come pesce, legumi e frutti di mare come fonti di proteine. Mangiate anche frutta e verdura fresche, che sono ricche di vitamine essenziali, minerali e fibre che vi mantengono sazi tra i pasti. Hai anche tagliato gli elementi malsani dalla tua dieta come lo zucchero, gli alimenti trasformati e il pane raffinato. Alcune persone possono iniziare la dieta mediterranea solo per perdere peso, quindi questo può essere il primo obiettivo che raggiungono prima di scoprire che ne possono raggiungere molti altri! La dieta mediterranea vi dà un sacco di fibre che vi faranno sentire sazi. Di conseguenza, non mangerai troppo. La dieta migliora il metabolismo e promuove una sana perdita di peso. Basta ricordare di concentrarsi sul consumo di verdure fibrose, frutta, fagioli e legumi invece di carboidrati semplici. Questo è un modo sicuro e sostenibile per perdere peso in quanto quasi nulla viene negato nel piano generale dei pasti.

Chapter 2. Dieta Dash e dieta mediterranea, una combinazione sana

Abbiamo esaminato sia la dieta mediterranea che quella DASH negli ultimi due capitoli. Come si fa a combinarle per puntare davvero alla salute del cuore e ridurre l'assunzione di sale? È sorprendentemente facile. In questo capitolo, discuteremo le somiglianze e le differenze, cosa significa combinarle e i benefici. Avrete anche una lista della spesa dettagliata di ingredienti essenziali per iniziare.

Confrontare le diete

Probabilmente avete notato che la dieta mediterranea e la dieta DASH hanno molte somiglianze. Entrambe tagliano fuori i cibi confezionati e lavorati, così come una quantità significativa di zucchero. Tuttavia, la dieta DASH include più latticini (in particolare a basso contenuto di grassi) e uova, mentre la dieta mediterranea incoraggia 1-2 bicchieri di vino rosso la sera. Si può bere vino nella dieta DASH, ma è più un permesso "se non puoi fare a meno di bere" che una raccomandazione. In termini di porzioni, le verdure costituiscono una parte maggiore della dieta mediterranea rispetto alla DASH, anche se sono ancora estremamente importanti se si vuole godere dei benefici della DASH. La dieta mediterranea incoraggia anche molto più pesce nel corso di una settimana rispetto alla DASH, mentre la DASH non è così rigorosa nel ridurre il consumo di carne rossa, anche se dovrebbe essere evitata se hai bisogno di abbassare la pressione sanguigna velocemente.

Anche con queste differenze, entrambe le diete hanno dimostrato di aiutare le persone a perdere peso migliorando la salute del cuore e del cervello, riducendo l'infiammazione e proteggendole da alcuni tipi di cancro. Il modo migliore per combinarle è applicare i principi della DASH sul sale e lo zucchero alla lista degli alimenti della dieta mediterranea, aumentando il consumo di latticini e uova a basso contenuto di grassi. Mangerai pasti conformi alla DASH con ingredienti mediterranei.

La dieta mediterranea e la DASH possono essere facilmente combinate nella Med-DASH perché le loro liste di alimenti sono molto simili. Con alcune piccole modifiche, si può godere di benefici come meno infiammazione, pressione sanguigna abbassata, rischio ridotto di alcuni tipi di cancro e organi sani.

Benefici della dieta Med-DASH

Abbiamo accennato brevemente ai benefici che le diete condividono, ma cerchiamo di scomporlo ulteriormente per mostrarvi perché una combinazione è un'ottima scelta per la vostra salute:

Meno infiammazione

Uno dei benefici chiave della dieta Med-DASH è che può ridurre l'infiammazione. Perché questo è importante? L'infiammazione spesso innesca una serie di malattie, tra cui malattie cardiache, artrite e IBS. Per prevenire l'infiammazione cronica, la tua dieta deve includere molti antiossidanti. Questi si trovano in abbondanza nelle piante, che la dieta Med-DASH enfatizza fortemente. L'alta quantità di fibre nelle piante è anche ritenuta in grado di combattere l'infiammazione bilanciando la flora batterica dell'intestino. Gli alimenti che sono particolarmente ricchi di antiossidanti includono mele, aglio, pesche, spinaci, pomodori e mirtilli.

Riduce il rischio di cancro

La dieta Med-DASH può ridurre il rischio di cancro in alcuni modi. Anche se la scienza è ancora nelle sue fasi iniziali, è stato suggerito che gli additivi e gli ingredienti artificiali negli alimenti trasformati possono aumentare il rischio di alcuni tipi di cancro. Con la dieta Med-DASH, si eliminano quegli alimenti, riducendo così il rischio. C'è anche la prova che gli antiossidanti nelle verdure e nella frutta possono proteggere il corpo contro il cancro. Ha senso che un'alimentazione sana sia una scelta di vita migliore e più probabile per prevenire certi tipi di cancro rispetto a una che include molti cibi confezionati. Come nota, quando diciamo "certi tumori", intendiamo i tumori che non hanno fattori genetici scatenanti. Le persone in buona salute possono ancora ammalarsi di cancro se c'è una causa genetica.

Mantiene sani il pancreas e il fegato.

Il pancreas e il fegato sono essenziali e quando non sono sani, tutto il resto ne risente. Il pancreas è responsabile della regolazione degli zuccheri nel sangue, mentre il fegato ha una serie di compiti, tra cui la scomposizione delle cellule sanguigne danneggiate e la metabolizzazione dei grassi per ottenere energia. Un'alimentazione sana mantiene questi organi in ottima forma e ben funzionanti, e la ricerca dimostra che mangiare meno zucchero e cereali raffinati (entrambi principi della dieta Med-DASH) può prevenire e persino invertire il diabete di tipo 2. La dieta incoraggia anche l'attività fisica, che ha dimostrato di ridurre il rischio di diabete.

Mantieni il tuo cervello sano

La ricerca suggerisce che sia la dieta mediterranea che la DASH riducono il rischio di Alzheimer di una persona, quindi ha senso che una combinazione delle due diete faccia lo stesso. Questo potrebbe essere dovuto a una migliore pressione sanguigna e a una minore infiammazione, oltre a mangiare cibi ricchi di antiossidanti. I grassi Omega-3, che si trovano nel pesce, sono particolarmente salutari per il cervello. Altri alimenti che amano il cervello includono avocado, bacche, semi di girasole, mandorle, uova e cereali integrali.

Chapter 3. Benefici per la salute e perché funziona

La tradizione e la storia della dieta mediterranea provengono dai modelli alimentari e sociali tradizionali delle regioni del sud Italia, Grecia, Turchia e Spagna. Ecco perché la dieta mediterranea non è nemmeno una "dieta", ma piuttosto uno stile di vita. Per migliaia di anni, gli abitanti della costa mediterranea hanno mangiato una dieta ricca di fibre, frutta e verdura, proteine e grassi con moderazione, e un bicchiere di vino locale all'occasione per completare un pasto.

La dieta mediterranea ha diversi vantaggi. Gli ingredienti sono ora disponibili, e piatti deliziosi possono essere preparati rapidamente e facilmente. Ecco alcuni dei benefici più importanti della dieta mediterranea:

Basso contenuto di cibi lavorati e zucchero

La dieta consiste in cibi naturali, tra cui olio d'oliva, legumi come piselli e fagioli, frutta e verdura, prodotti di cereali non raffinati, e piccole porzioni di prodotti animali (sempre biologici e di produzione locale). Il popolo mediterraneo ama la frutta o piccole porzioni di dolci fatti in casa con dolcificanti naturali come il miele per qualcosa di dolce.

Oltre agli alimenti vegetali, un consumo moderato di pesce pescato localmente e formaggio di mucca, capra o pecora e yogurt sono altri componenti importanti della dieta. Pesci come sardine e acciughe sono una parte centrale della dieta, che generalmente contiene meno carne di molte diete occidentali.

Anche se la maggior parte dei mediterranei non sono vegetariani, la dieta favorisce solo un basso consumo di carne e pasti più pesanti, optando per opzioni di pesce più leggere e più sane. Questo può essere vantaggioso per le persone che vogliono perdere peso e migliorare la salute del cuore, il colesterolo e l'assunzione di acidi grassi omega 3.

Assiste la perdita di peso sano

Se vuoi perdere peso senza avere fame e mantenerlo in modo realistico per tutta la vita, questa può essere la risposta. La dieta è duratura e valida. È stata utilizzata con successo da molte persone in tutto il mondo, soprattutto perché aiuta a controllare il peso e a ridurre il consumo di grassi in modo naturale e semplice attraverso il consumo di alimenti ricchi di nutrienti.

La dieta mediterranea può essere interpretata in modo diverso, se si preferisce mangiare meno carboidrati, meno proteine, o da qualche parte nel mezzo. La dieta si concentra sul consumo di grassi sani, mentre i carboidrati sono tenuti relativamente bassi, e viene migliorato il consumo di alimenti ricchi di proteine di alta qualità. Supponiamo che tu preferisca le Proteine ai legumi e ai cereali; in questo caso, puoi perdere peso in modo sano e non deprivato, con una grande quantità di frutti di mare e latticini di alta qualità (che allo stesso tempo offrono altri benefici come gli omega 3 e spesso i probiotici).

Il pesce, i latticini e la carne contengono gli acidi grassi sani di cui il corpo ha bisogno. Lavorano per aiutarvi a sentirvi sazi, controllare l'aumento di peso, regolare lo zucchero nel sangue, l'umore e il livello di energia. Ma se sei più un consumatore a base vegetale, anche i legumi e i cereali integrali (specialmente se sono ammollati e germogliati) sono buone opzioni.

Migliora la salute del cuore

La ricerca mostra che una maggiore osservanza della tradizionale dieta mediterranea, che include acidi grassi monoinsaturi e omega 3, è associata a una significativa riduzione della mortalità, soprattutto delle malattie cardiache.

L'olio d'oliva è anche utile per ridurre l'ipertensione perché l'ossido nitrico è più biodisponibile, permettendo di dilatare i vasi sanguigni e tenerli puliti. Un altro elemento di protezione è che aiuta a combattere gli effetti dell'ossidazione che promuovono le malattie e a migliorare la funzione endoteliale. Le persone del Mediterraneo generalmente non hanno difficoltà a mantenere livelli di colesterolo sani perché mangiano molti grassi sani.

Aiuta a combattere il cancro

Una dieta a base vegetale ricca di frutta e verdura è la pietra angolare della dieta mediterranea. Può aiutare a combattere il cancro, in quanto fornisce antiossidanti, protegge il DNA dai danni, ferma la mutazione delle cellule, riduce l'infiammazione e rallenta la crescita del tumore. Molti studi indicano che l'olio d'oliva può anche essere un trattamento naturale del cancro e ridurre il rischio di cancro al colon. Potrebbe avere un effetto protettivo sullo sviluppo delle cellule tumorali perché riduce l'infiammazione e lo stress ossidativo, promuovendo al contempo un equilibrio glicemico e un peso sano.

Previene o cura il diabete

La dieta mediterranea è antinfiammatoria e può aiutare a combattere le malattie legate all'infiammazione cronica, tra cui la sindrome metabolica e il diabete di tipo 2. Regola l'insulina in eccesso, un ormone che regola il livello di zucchero nel sangue.

La dieta mediterranea è a basso contenuto di zucchero perché l'unico zucchero presente proviene principalmente dalla frutta, dal vino e, a volte, dai dolci locali. Molte persone bevono anche molta acqua fresca, caffè e vino rosso in termini di bevande. Le bibite e le bevande zuccherate non sono così popolari nel Mediterraneo come lo sono negli Stati Uniti.

Anche se alcune diete mediterranee contengono un gran numero di carboidrati, come la pasta e il pane, essere attivi e consumare quantità minime di zucchero significa che la resistenza all'insulina è rara in questi paesi. Lo stile alimentare mediterraneo aiuta a prevenire i picchi e le depressioni del livello di zucchero nel sangue, riducendo l'energia e influenzando l'umore. Tutti questi diversi fattori contribuiscono ai benefici di prevenzione del diabete di questa dieta.

Protegge la salute cognitiva e migliora l'umore

Mangiare una dieta mediterranea può essere un trattamento naturale per il morbo di Parkinson, un ottimo modo per proteggere la memoria, e un passo nella giusta direzione per trattare il morbo di Alzheimer e la demenza in modo naturale. Il deterioramento cognitivo può verificarsi quando il cervello non riceve abbastanza dopamina, che è una sostanza chimica essenziale per il corretto funzionamento del corpo.
È noto che i grassi sani, come l'olio d'oliva e le noci, così come molti frutti e verdure antinfiammatori, combattono il deterioramento cognitivo legato all'età. Questo aiuta a contrastare gli effetti nocivi dell'esposizione alla tossicità, ai radicali liberi e alle diete povere che causano infiammazioni o allergie alimentari, che possono contribuire al deterioramento delle funzioni cerebrali. Questo è uno dei motivi per cui il rispetto della dieta mediterranea è legato a tassi più bassi per il morbo di Alzheimer.
Gli alimenti probiotici come lo yogurt e il kefir aiutano anche a sviluppare un sistema digestivo sano, che ora sappiamo essere legato alle funzioni cognitive, alla memoria e all'umore.

Aumenta la longevità

Una dieta ricca di cibi freschi a base vegetale e di grassi sani è una combinazione vincente per una lunga vita. Gli acidi grassi monoinsaturi, che si trovano nell'olio d'oliva e in alcune noci, sono la fonte primaria di grassi nella dieta mediterranea. Più volte gli studi hanno dimostrato che i grassi monoinsaturi sono associati a bassi livelli di malattie cardiache, cancro, depressione, malattie cognitive, Alzheimer, malattie infiammatorie, ecc. Attualmente, le malattie cardiache sono di gran lunga la principale causa di morte nei paesi sviluppati.

Allevia lo stress e promuove il rilassamento

Un altro fattore importante è che questa dieta incoraggia le persone a trascorrere del tempo nella natura, a dormire bene e a lavorare insieme per creare pasti sani cucinati in casa. Tutti questi sono ottimi modi per alleviare lo stress e, di conseguenza, per prevenire l'infiammazione. In generale, le persone che vivono in queste zone mangiano cibo circondato dalla famiglia e dagli amici (piuttosto che da soli o in viaggio) e passano il tempo ridendo, ballando, facendo giardinaggio e godendosi la vita. Lo stress cronico può influenzare la qualità della vita, il peso e la salute. Le persone che mangiano a un ritmo lento, consumano cibi naturali e locali e si impegnano in una regolare attività fisica hanno maggiori probabilità di mantenere un buon umore.

La dieta mediterranea include l'amore e il fascino per il vino, specialmente il vino rosso, che è considerato moderatamente benefico e protettivo. Per esempio, il vino rosso può aiutare a combattere l'obesità.

Chapter 4.   Ricette per colazione e frullati

Colazione mediterranea Pita

Tempo di preparazione: 22 minuti
Tempo di cottura: 3 minuti

Porzioni: 2

Livello di difficoltà: Facile

Ingredienti:

- 1/4 di tazza di peperone rosso dolce
- 1/4 di tazza di cipolla tritata
- 1 tazza di sostituto dell'uovo
- 1/8 di cucchiaino di sale
- 1/8 di cucchiaino di pepe
- 1 piccolo pomodoro tritato
- 1/2 tazza di spinaci freschi strappati
- 1-1/2 cucchiaini di basilico fresco tritato
- 2 pezzi di pane pita interi
- 2 cucchiai di formaggio feta sbriciolato

Indicazioni:

1. Rivestire con uno spray da cucina una padella antiaderente di piccole dimensioni. Mescolare la cipolla e il peperone rosso per 3 minuti a fuoco medio. Aggiungere il surrogato d'uovo e condire con sale e pepe. Mescolare e cuocere fino a quando non si fissa.
2. Mescolare gli spinaci strappati, i pomodori tritati e il basilico tritato. Distribuire sulle pitas. Ricoprire il composto di verdure con il composto di uova.
3. Coprire con formaggio feta sbriciolato e servire immediatamente.

Nutrizione (per 100g): Calorie: 267; Grasso: 3g; Carboidrati: 41g

- Proteine: 20g; Sodio: 643mg

Uovo Deviled Hummus

Tempo di preparazione: 10 minuti
Tempo di cottura: 0 minuti
Porzioni: 6
Livello di difficoltà: Facile
Ingredienti:

- 1/4 di tazza di cetriolo tagliato finemente
- 1/4 di tazza di pomodoro finemente tagliato a dadini
- 2 cucchiaini di succo di limone fresco
- 1/8 di cucchiaino di sale
- 6 uova sode sbucciate, tagliate a metà nel senso della lunghezza
- 1/3 di tazza di hummus all'aglio arrostito o qualsiasi altro gusto di hummus
- Prezzemolo fresco tritato (opzionale)

Indicazioni:

1. Unire il pomodoro, il succo di limone, il cetriolo e il sale e mescolare delicatamente. Raschiare i tuorli dalle uova dimezzate e conservarli per un uso successivo.
2. Mettere un cucchiaino abbondante di hummus in ogni mezzo uovo.
3. Coprire con prezzemolo e mezzo cucchiaio di miscela di pomodoro e cetriolo. Servire immediatamente.

Nutrizione (per 100g):

- Calorie: 40; Grasso: 1g
- Carboidrati: 3g; Proteine: 4g; Sodio: 544mg

Uovo strapazzato al salmone affumicato

Tempo di preparazione: 2 minuti
Tempo di cottura: 8 minuti
Porzioni: 4
Livello di difficoltà: Media
Ingredienti:

- 16 once di sostituto dell'uovo, senza colesterolo
- 1/8 di cucchiaino di pepe nero
- 2 cucchiai di cipolle verdi affettate, conservare le cime
- 1 oncia di formaggio cremoso a basso contenuto di grassi raffreddato, tagliato a cubetti da 1/4 di pollice
- 2 once di salmone affumicato a scaglie

Indicazioni:

1. Tagliare il formaggio cremoso raffreddato in cubetti da ¼ di pollice, poi mettere da parte.
2. Sbattere il surrogato dell'uovo e il pepe in una ciotola di grandi dimensioni
3. Rivestire una padella antiaderente con spray da cucina a fuoco medio. Mescolate il surrogato dell'uovo e cuocete per 5-7 minuti o fino a quando non inizia a rapprendersi, mescolando di tanto in tanto e raschiando il fondo della padella.
4. Aggiungere la crema di formaggio, le cipolle verdi e il salmone. Continuare a cuocere e mescolare per altri 3 minuti o solo fino a quando le uova sono ancora umide ma cotte.

Nutrizione (per 100g):

- Calorie: 100
- Grassi: 3g
- Carboidrati: 2g
- Proteine: 15g
- Sodio: 772mg

Muffin di grano saraceno alla mela e raisin

Tempo di preparazione: 24 minuti

Tempo di cottura: 20 minuti

Porzioni: 12

Livello di difficoltà: Media

Ingredienti:

- 1 tazza di farina universale
- 3/4 di tazza di farina di grano saraceno
- 2 cucchiai di zucchero di canna
- 1 1/2 cucchiaino di lievito in polvere
- 1/4 di cucchiaino di bicarbonato di sodio
- 3/4 di tazza di latticello a basso contenuto di grassi
- 2 cucchiai di olio d'oliva
- 1 uovo grande
- 1 tazza di mele fresche sbucciate e private del torsolo, tagliate a dadini
- 1/4 di tazza di uva passa dorata

Indicazioni:

1. Preparare il forno a 375 ° F. Foderare una teglia per muffin da 12 tazze con uno spray da cucina antiaderente o con pirottini di carta. Mettere da parte. Incorporare tutti gli ingredienti secchi in una terrina. Mettere da parte.

2. Sbattere insieme gli ingredienti liquidi fino ad ottenere un composto liscio. Trasferire il composto liquido sul composto di farina e mescolare fino a inumidirlo. Aggiungere le mele tagliate a dadini e l'uvetta.

3. Riempire ogni tazza di muffin con circa 2/3 del composto. Infornare fino a quando non diventa marrone dorato. Usare la prova dello stuzzicadenti. Servire.

Nutrizione (per 100g):

- Calorie: 117
- Grasso: 1g
- Carboidrati: 19g
- Proteine: 3g
- Sodio: 683mg

Muffin alla zucca e crusca

Tempo di preparazione: 20 minuti
Tempo di cottura: 20 minuti
Porzioni: 22
Livello di difficoltà: Media
Ingredienti:

- 3/4 di tazza di farina per tutti gli usi
- 3/4 di tazza di farina integrale
- 2 cucchiai di zucchero
- 1 cucchiaio di lievito in polvere
- 1/8 di cucchiaino di sale
- 1 cucchiaino di spezia per torta di zucca
- 2 tazze di cereali 100% crusca
- 1 1/2 tazze di latte scremato
- 2 albumi d'uovo
- 15 once' x 1 lattina di zucca
- 2 cucchiai di olio di avocado

Indicazioni:

1. Preriscaldare il forno a 400 °F. Preparare una teglia per muffin sufficiente per 22 muffin e foderarla con uno spray da cucina antiaderente. Mescolare i primi quattro ingredienti fino a quando sono combinati. Mettere da parte.

2. In una grande ciotola, mescolate insieme il latte e la crusca di cereali e lasciate riposare per 2 minuti o finché i cereali non si ammorbidiscono. Aggiungere l'olio, gli albumi e la zucca nel mix di crusca e mescolare bene. Aggiungere la miscela di farina e mescolare bene.

3. Dividere la pastella in porzioni uguali nella teglia per muffin. Cuocere per 20 minuti. Estrarre i muffin dalla teglia e servirli caldi o freddi.

Nutrizione (per 100g):

- Calorie: 70
- Grasso: 3g
- Carboidrati: 14g
- Proteine: 3g
- Sodio: 484mg

Pancake di grano saraceno al latticello

Tempo di preparazione: 2 minuti
Tempo di cottura: 18 minuti
Porzioni: 9
Livello di difficoltà: Facile
Ingredienti:

- 1/2 tazza di farina di grano saraceno
- 1/2 tazza di farina universale
- 2 cucchiaini di lievito in polvere
- 1 cucchiaino di zucchero di canna
- 2 cucchiai di olio d'oliva
- 2 uova grandi
- 1 tazza di latticello a basso contenuto di grassi

Indicazioni:

1. Incorporare i primi quattro ingredienti in una ciotola. Aggiungere l'olio, il latticello e le uova e mescolare fino ad amalgamare bene.
2. Mettere la piastra su fuoco medio e spruzzare con spray da cucina antiaderente.
3. Versare ¼ di tazza della pastella sulla padella e cuocere per 1-2 minuti su ogni lato o finché non diventano dorati. Servire immediatamente.

Nutrizione (per 100g):

- Calorie: 108
- Grasso: 3g
- Carboidrati: 12g
- Proteine: 4g; Sodio: 556mg

Toast francese con mandorle e composta di pesche

Tempo di preparazione: 10 minuti
Tempo di cottura: 15 minuti
Porzioni: 4
Livello di difficoltà: Facile
Ingredienti:
<u>Composta:</u>

- 3 cucchiai di sostituto dello zucchero, a base di sucralosio
- 1/3 di tazza + 2 cucchiai di acqua, divisi
- 1 1/2 tazze di pesche fresche sbucciate o congelate, scongelate e scolate a fette
- 2 cucchiai di crema di frutta alla pesca, senza zucchero aggiunto
- 1/4 di cucchiaino di cannella macinata

<u>Toast francese alle mandorle:</u>

- 1/4 di tazza di latte (scremato) senza grassi
- 3 cucchiai di sostituto dello zucchero, a base di sucralosio
- 2 uova intere
- 2 albumi d'uovo
- 1/2 cucchiaino di estratto di mandorle
- 1/8 di cucchiaino di sale
- 4 fette di pane multicereali
- 1/3 di tazza di mandorle affettate

Indicazioni:

1. Per fare la composta, sciogliere 3 cucchiai di sucralosio in 1/3 di tazza di acqua in una casseruola media a fuoco medio-alto. Aggiungere le pesche e portare a ebollizione. Ridurre il calore a

medio e continuare a cuocere scoperto per altri 5 minuti o fino a quando le pesche ammorbidito.

2. Combinare l'acqua rimanente e la crema di frutta, poi mescolare alle pesche nella casseruola e cuocere per un altro minuto o fino a quando lo sciroppo si addensa. Togliere dal fuoco e aggiungere la cannella. Coprire per mantenere il calore.

3. Per fare il french toast. Unire il latte e il sucralosio in un grande piatto poco profondo e sbattere fino a quando non si scioglie completamente. Sbattere gli albumi, le uova, l'estratto di mandorle e il sale. Immergere entrambi i lati delle fette di pane per 3 minuti nella miscela di uova o fino a quando sono completamente imbevute. Cospargere entrambi i lati con le mandorle affettate e premere fermamente per farle aderire.

4. Spennellare la padella antiaderente con spray da cucina e metterla su fuoco medio-alto. Cuocere le fette di pane sulla piastra per 2 o 3 minuti su entrambi i lati o fino a quando diventa marrone chiaro. Servire condito con la composta di pesche.

Nutrizione (per 100g):

- Calorie: 277
- Grasso: 7g
- Carboidrati: 31g
- Proteine: 12g
- Sodio: 665mg

Farina d'avena ai frutti di bosco con crema dolce alla vaniglia

Tempo di preparazione: 5 minuti
Tempo di cottura: 5 minuti
Porzioni: 4
Livello di difficoltà: Facile
Ingredienti:

- 2 tazze di acqua
- 1 tazza di avena a cottura rapida
- 1 cucchiaio di sostituto dello zucchero a base di sucralosio
- 1/2 cucchiaino di cannella macinata
- 1/8 di cucchiaino di sale

Crema:

- 3/4 di tazza di metà e metà senza grassi
- 3 cucchiai di sostituto dello zucchero a base di sucralosio
- 1/2 cucchiaino di estratto di vaniglia
- 1/2 cucchiaino di estratto di mandorle

Guarnizioni:

- 1 1/2 tazze di mirtilli freschi
- 1/2 tazza di lamponi freschi o congelati e scongelati

Indicazioni:

1. Far bollire l'acqua a fuoco alto e mescolare l'avena. Ridurre il calore a medio mentre si cuoce l'avena, scoperto per 2 minuti o fino a quando è denso. Togliere dal fuoco e mescolare con il sostituto dello zucchero, il sale e la cannella.

2. In una ciotola di medie dimensioni, incorporare tutti gli ingredienti della crema fino a quando sono ben amalgamati.

Distribuire la farina d'avena cotta in 4 porzioni uguali e versarvi sopra la crema dolce. Aggiungere i frutti di bosco e servire.

Nutrizione (per 100g):

- Calorie: 150
- Grasso: 5g
- Carboidrati: 30g
- Proteine: 5g
- Sodio: 807mg

Crepe al cioccolato e alle fragole

Tempo di preparazione: 5 minuti

Tempo di cottura: 10 minuti

Porzioni: 4

Livello di difficoltà: Facile

Ingredienti:

- 1 tazza di farina di grano tenero
- 2/3 di tazza di latte a basso contenuto di grassi (1%)
- 2 albumi d'uovo
- 1 uovo
- 3 cucchiai di zucchero
- 3 cucchiai di cacao non zuccherato in polvere
- 1 cucchiaio di burro fuso raffreddato
- 1/2 cucchiaino di sale
- 2 cucchiaini di olio di canola
- 3 cucchiai di crema di frutta alla fragola
- 3 1/2 tazze di fragole fresche o congelate scongelate a fette
- 1/2 tazza di topping congelato scongelato senza grassi
- Foglie di menta fresca (se volete)

Indicazioni:

1. Incorporare i primi otto ingredienti in una ciotola di grandi dimensioni fino a quando sono lisci e completamente mescolati.
2. Spennellare ¼ di cucchiaio di olio su una padella antiaderente di piccole dimensioni a fuoco medio. Versare ¼ di tazza di pastella al centro e roteare per ricoprire la padella di pastella.
3. Cuocere per un minuto o fino a quando la crêpe diventa opaca e i bordi si asciugano. Capovolgere sull'altro lato e cuocere per un

altro mezzo minuto. Ripetere il processo con il restante impasto e l'olio.

4. Mettere ¼ di tazza di fragole scongelate al centro della crêpe e arrotolare per coprire il ripieno. Coprire con 2 cucchiai di panna montata e guarnire con la menta prima di servire.

Nutrizione (per 100g):

- Calorie: 334
- Grasso: 5g
- Carboidrati: 58g
- Proteine: 10g
- Sodio: 678mg

Quiche senza crosta agli asparagi e prosciutto

Tempo di preparazione: 5 minuti

Tempo di cottura: 42 minuti

Porzioni: 6

Livello di difficoltà: Facile

Ingredienti:

- 2 tazze 1/2 di asparagi affettati
- 1 peperone rosso tritato
- 1 tazza di latte a basso contenuto di grassi (1%)
- 2 cucchiai di farina di grano tenero
- 4 albumi d'uovo
- 1 uovo intero
- 1 tazza di prosciutto cotto tritato
- 2 cucchiai di dragoncello o basilico fresco tritato
- 1/2 cucchiaino di sale (opzionale)
- 1/4 di cucchiaino di pepe nero
- 1/2 tazza di formaggio svizzero, finemente tagliuzzato

Indicazioni:

1. Preriscaldare il forno a 350 °F. Cuocere al microonde i peperoni e gli asparagi in un cucchiaio d'acqua ad alta temperatura per 2 minuti. Scolare. Sbattere la farina e il latte, poi aggiungere l'uovo e gli albumi fino a quando non sono ben combinati. Mescolate le verdure e i restanti ingredienti tranne il formaggio.

2. Versare in una tortiera da 9 pollici e cuocere per 35 minuti. Cospargere di formaggio la quiche e cuocere altri 5 minuti o fino a quando il formaggio si scioglie. Lasciare raffreddare per 5 minuti, poi tagliare in 6 spicchi per servire.

Nutrizione (per 100g):

- Calorie 138
- Grasso 1g
- Carboidrati 8g
- Proteine 13g
- Sodio 588mg

Focaccine alla mela e formaggio

Tempo di preparazione: 20 minuti
Tempo di cottura: 15 minuti
Porzioni: 10
Livello di difficoltà: Media
Ingredienti:

- 1 tazza di farina universale
- 1 tazza di farina integrale, bianca
- 3 cucchiai di zucchero
- 1 1/2 cucchiaino di lievito in polvere
- 1/2 cucchiaino di sale
- 1/2 cucchiaino di cannella macinata
- 1/4 di cucchiaino di bicarbonato di sodio
- 1 mela Granny Smith a dadini
- 1/2 tazza di formaggio Cheddar affilato tagliuzzato
- 1/3 di tazza di salsa di mele, naturale o non zuccherata
- 1/4 di tazza di latte, senza grassi (scremato)
- 3 cucchiai di burro fuso
- 1 uovo

Indicazioni:

1. Preparare il forno a 425 gradi F. Preparare la teglia rivestendola con carta da forno. Unire tutti gli ingredienti secchi in una ciotola e mescolare. Mescolare il formaggio e la mela. Mettere da parte. Sbattere tutti gli ingredienti umidi insieme. Versare sulla miscela secca fino a quando non si amalgama e si trasforma in un impasto appiccicoso.

2. Lavorare l'impasto su una superficie infarinata per circa 5 volte. Pastigliare e poi allungare in un cerchio di 8 pollici. Tagliare in 10 tagli diagonali.

3. Mettere sulla teglia e spruzzare la parte superiore con spray da cucina. Infornare per 15 minuti o fino a quando è leggermente dorato. Servire.

Nutrizione (per 100g):

- Calorie 169
- Grasso 2g
- Carboidrati 26g
- Proteine 5g
- Sodio 689mg

Wrap di uova e pancetta

Tempo di preparazione: 15 minuti
Tempo di cottura: 15 minuti
Porzioni: 4
Livello di difficoltà: Facile
Ingredienti:

- 1 tazza di sostituto dell'uovo, senza colesterolo
- 1/4 di tazza di parmigiano, tagliuzzato
- 2 fette di pancetta canadese a dadini
- 1/2 cucchiaino di salsa di peperoncino rosso
- 1/4 di cucchiaino di pepe nero
- tortillas di grano intero da 4x7 pollici
- 1 tazza di foglie di spinaci baby

Indicazioni:

1. Preriscaldate il forno a 325 ° F. Combinate i primi cinque ingredienti per fare il ripieno. Versare il composto in un piatto di vetro da 9 pollici spruzzato di spray da cucina al burro.

2. Cuocere per 15 minuti o fino a quando l'uovo si fissa. Togliere dal forno. Mettere le tortillas per un minuto nel forno. Tagliare il composto di uova al forno in quarti. Disporre un quarto al centro di ogni tortilla e coprire con ¼ di tazza di spinaci. Piegare la tortilla dal basso verso il centro e poi entrambi i lati verso il centro per racchiudere. Servire immediatamente.

Nutrizione (per 100g):

- Calorie 195; Grasso 3g; Carboidrati 20g
- Proteine 15g; Sodio 688mg

Chapter 5.   Ricette per il pranzo

Riso con vermicelli

Tempo di preparazione: 5 minuti
Tempo di cottura: 45 minuti
Porzioni: 6
Livello di difficoltà: Facile
Ingredienti:

- 2 tazze di riso a grana corta
- 3½ tazze di acqua, più altre per sciacquare e mettere in ammollo il riso
- ¼ di tazza di olio d'oliva
- 1 tazza di vermicelli rotti
- Sale

Indicazioni:

1. Mettere il riso in ammollo sotto l'acqua fredda fino a quando l'acqua non diventa trasparente. Mettere il riso in una ciotola, coprirlo d'acqua e lasciarlo in ammollo per 10 minuti. Scolare e mettere da parte. Cuocere l'olio d'oliva in una pentola media a fuoco medio.

2. Mescolare i vermicelli e cuocere per 2 o 3 minuti, mescolando continuamente, fino a doratura.

3. Mettere il riso e cuocere per 1 minuto, mescolando, in modo che il riso sia ben ricoperto dall'olio. Aggiungere l'acqua e un pizzico di sale e portare il liquido a ebollizione. Regolare la fiamma e cuocere a fuoco lento per 20 minuti. Togliere dal fuoco e lasciare riposare per 10 minuti. Mescolare con una forchetta e servire.

Nutrizione (per 100g):

- Calorie 346
- Grasso totale 9g
- Carboidrati 60g
- Proteina 2g
- Sodio 0.9mg

Fave e riso

Tempo di preparazione: 10 minuti
Tempo di cottura: 35 minuti
Porzioni: 4
Livello di difficoltà: Facile
Ingredienti:

- ¼ di tazza di olio d'oliva
- 4 tazze di fave fresche, sgusciate
- 4½ tazze di acqua, più altre per spruzzare
- 2 tazze di riso basmati
- 1/8 di cucchiaino di sale
- 1/8 di cucchiaino di pepe nero appena macinato
- 2 cucchiai di pinoli tostati
- ½ tazza di erba cipollina fresca tritata o erba cipollina fresca

Indicazioni:

1. Riempire la casseruola con olio d'oliva e cuocere a fuoco medio. Aggiungere le fave e irrorarle con un po' d'acqua per evitare che si brucino o si attacchino. Cuocere per 10 minuti.

2. Mescolare delicatamente il riso. Aggiungere l'acqua, il sale e il pepe. Impostare il fuoco e far bollire il composto. Regolate il fuoco e lasciate cuocere a fuoco lento per 15 minuti.

3. Togliete dal fuoco e lasciate riposare per 10 minuti prima di servire. Distribuire su un piatto da portata e cospargere con i pinoli tostati e l'erba cipollina.

Nutrizione (per 100g):

- Calorie 587
- Grasso totale 17g
- Carboidrati 97g
- Proteina 2g
- Sodio 0.6mg

Fave al burro

Tempo di preparazione: 30 minuti
Tempo di cottura: 15 minuti
Porzioni: 4
Livello di difficoltà: Facile
Ingredienti:

- ½ tazza di brodo vegetale
- 4 libbre di fave, sgusciate
- ¼ di tazza di dragoncello fresco, diviso
- 1 cucchiaino di timo fresco tritato
- ¼ di cucchiaino di pepe nero appena macinato
- 1/8 di cucchiaino di sale
- 2 cucchiai di burro
- 1 spicchio d'aglio, tritato
- 2 cucchiai di prezzemolo fresco tritato

Indicazioni:

1. Far bollire il brodo vegetale in una pentola poco profonda a fuoco medio. Aggiungere le fave, 2 cucchiai di dragoncello, timo, pepe e sale. Cuocere fino a quando il brodo è quasi assorbito e le fave sono tenere.

2. Aggiungere il burro, l'aglio e i restanti 2 cucchiai di dragoncello. Cuocere per 2 o 3 minuti. Cospargere con il prezzemolo e servire caldo.

Nutrizione (per 100g):

- Calorie 45g; Grasso 9g; Carboidrati 81g
- Proteina 37g; Sodio 691mg

Freekeh

Tempo di preparazione: 10 minuti
Tempo di cottura: 40 minuti
Porzioni: 4
Livello di difficoltà: Facile
Ingredienti:

- 4 cucchiai di Ghee
- 1 cipolla, tritata
- 3 tazze e mezzo di brodo vegetale
- 1 cucchiaino di pimento macinato
- 2 tazze di freekeh
- 2 cucchiai di pinoli tostati

Indicazioni:

1. Sciogliere il ghee in una casseruola dal fondo pesante a fuoco medio. Aggiungere la cipolla e cuocere per circa 5 minuti, mescolando costantemente, finché la cipolla è dorata.
2. Versare il brodo vegetale, aggiungere il pimento e portare a ebollizione. Mescolare il freekeh e riportare il composto a ebollizione. Regolare il calore e cuocere a fuoco lento per 30 minuti; mescolare di tanto in tanto.
3. Versare il freekeh in un piatto da portata e coprirlo con i pinoli tostati.

Nutrizione (per 100g):

- Calorie 45g; Grasso 18g
- Carboidrati 64g; Proteine 10g
- Sodio 692mg

Palline di riso fritto con salsa di pomodoro

Tempo di preparazione: 15 minuti
Tempo di cottura: 20 minuti
Porzioni: 8
Livello di difficoltà: Difficile
Ingredienti:

- 1 tazza di pangrattato
- 2 tazze di risotto cotto
- 2 uova grandi, divise
- ¼ di tazza di parmigiano grattugiato fresco
- 8 palline di mozzarella fresca, o 1 tronco di mozzarella fresca (4 pollici), tagliato in 8 pezzi
- 2 cucchiai di acqua
- 1 tazza di olio di mais
- 1 tazza di salsa base di pomodoro e basilico, o acquistata in negozio

Indicazioni:

1. Mettere il pangrattato in una piccola ciotola e metterlo da parte. In una ciotola media, mescolate insieme il risotto, 1 uovo e il parmigiano fino ad ottenere un buon risultato. Dividere il composto di risotto in 8 pezzi. Disponeteli su una superficie di lavoro pulita e appiattite ogni pezzo.

2. Mettere 1 pallina di mozzarella su ogni disco di riso appiattito. Chiudere il riso intorno alla mozzarella per formare una palla. Ripetere fino a finire tutte le palline. Nella stessa ciotola media, ora vuota, sbattere l'uovo rimanente e l'acqua. Immergere ogni pallina di risotto preparata nel lavaggio dell'uovo e rotolarla nel pangrattato. Mettere da parte.

3. Cuocere l'olio di mais in una padella a fuoco alto. Abbassare delicatamente le palline di risotto nell'olio caldo e friggere per 5-8 minuti fino a doratura. Mescolare, se necessario, per assicurarsi che tutta la superficie sia fritta. Usando un cucchiaio forato, mettere le palline fritte su carta assorbente per scolarle.

4. Scaldare la salsa di pomodoro in una casseruola media a fuoco medio per 5 minuti, mescolare di tanto in tanto, e servire la salsa calda accanto alle palle di riso.

Nutrizione (per 100g):

- Calorie 255
- Grasso 15g
- Carboidrati 16g
- Proteina 2g
- Sodio 669mg

Riso alla spagnola

Tempo di preparazione: 10 minuti
Tempo di cottura: 35 minuti
Porzioni: 4
Livello di difficoltà: Media
Ingredienti:

- ¼ di tazza di olio d'oliva
- 1 cipolla piccola, tritata finemente
- 1 peperone rosso, con semi e tagliato a dadini
- 1½ tazze di riso bianco
- 1 cucchiaino di paprika dolce
- ½ cucchiaino di cumino macinato
- ½ cucchiaino di coriandolo macinato
- 1 spicchio d'aglio, tritato
- 3 cucchiai di concentrato di pomodoro
- 3 tazze di brodo vegetale
- 1/8 di cucchiaino di sale

Indicazioni:

1. Cuocere l'olio d'oliva in una grande padella dal fondo pesante a fuoco medio. Mescolare la cipolla e il peperone rosso. Cuocere per 5 minuti o fino a quando si ammorbidiscono. Aggiungere il riso, la paprika, il cumino e il coriandolo e cuocere per 2 minuti, mescolando spesso.
2. Aggiungere l'aglio, il concentrato di pomodoro, il brodo vegetale e il sale. Mescolare bene e condire, se necessario. Portare il composto a ebollizione. Abbassare il fuoco e cuocere a fuoco lento per 20 minuti.
3. Mettere da parte per 5 minuti prima di servire.

Nutrizione (per 100g):

- Calorie 414
- Grasso 14g
- Carboidrati 63g
- Proteina 2g
- Sodio 664mg

Zucchine con riso e tzatziki

Tempo di preparazione: 20 minuti
Tempo di cottura: 35 minuti
Porzioni: 4
Livello di difficoltà: Media
Ingredienti:

- ¼ di tazza di olio d'oliva
- 1 cipolla tritata
- 3 zucchine, tagliate a dadini
- 1 tazza di brodo vegetale
- ½ tazza di aneto fresco tritato
- Sale
- Pepe nero appena macinato
- 1 tazza di riso a grana corta
- 2 cucchiai di pinoli
- 1 tazza di salsa Tzatziki, yogurt semplice o comprato in negozio

Indicazioni:

1. Cuocere l'olio in una pentola dal fondo pesante a fuoco medio. Aggiungere la cipolla, abbassare il fuoco a medio-basso e soffriggere per 5 minuti. Unire le zucchine e cuocere per altri 2 minuti.
2. Aggiungere il brodo vegetale, l'aneto e condire con sale e pepe. Alzare il fuoco a medio e portare il composto a ebollizione.
3. Mescolare il riso e rimettere il composto a bollire. Impostare il fuoco su molto basso, coprire la pentola e cuocere per 15 minuti. Togliere dal fuoco e mettere da parte per 10 minuti. Mettere il riso su un piatto da portata, cospargere con i pinoli e servire con la salsa tzatziki.

Nutrizione (per 100g):

- Calorie 414
- Grasso 17g
- Carboidrati 57g
- Proteine 5g
- Sodio 591mg

Fagioli cannellini con rosmarino e aglio

Tempo di preparazione: 10 minuti
Tempo di cottura: 10 minuti
Porzioni: 4
Livello di difficoltà: Facile
Ingredienti:

- 4 tazze di fagioli cannellini cotti
- 4 tazze di acqua
- ½ cucchiaino di sale
- 3 cucchiai di olio d'oliva
- 2 cucchiai di rosmarino fresco tritato
- ½ tazza di Aioli all'aglio
- ¼ di cucchiaino di pepe nero appena macinato

Indicazioni:

1. Mescolare i fagioli cannellini, l'acqua e il sale in una casseruola media a fuoco medio. Portare a ebollizione. Cuocere per 5 minuti. Scolare. Cuocere l'olio d'oliva in una padella a fuoco medio.
2. Aggiungere i fagioli. Aggiungere il rosmarino e l'aioli. Regolare il calore a medio-basso e cuocere, mescolando, solo per riscaldare. Condire con il pepe e servire.

Nutrizione (per 100g):

- Calorie 545
- Grasso 36g
- Carboidrati 42g
- Proteine 14g
- Sodio 608mg

Riso gioiello

Tempo di preparazione: 15 minuti
Tempo di cottura: 30 minuti
Porzioni: 6
Livello di difficoltà: Difficile
Ingredienti:

- ½ tazza di olio d'oliva, diviso
- 1 cipolla, tritata finemente
- 1 spicchio d'aglio, tritato
- ½ cucchiaino di zenzero fresco pelato tritato
- 4 tazze e mezzo di acqua
- 1 cucchiaino di sale, diviso, più altro se necessario
- 1 cucchiaino di curcuma macinata
- 2 tazze di riso basmati
- 1 tazza di piselli dolci freschi
- 2 carote, pelate e tagliate a dadi da ½ pollice
- ½ tazza di mirtilli rossi secchi
- Scorza grattugiata di 1 arancia
- 1/8 di cucchiaino di pepe di Caienna
- ¼ di tazza di mandorle scheggiate, tostate

Indicazioni:

1. Scaldare ¼ di tazza di olio d'oliva in una grande padella. Mettere la cipolla e cuocere per 4 minuti. Soffriggere l'aglio e lo zenzero.

2. Aggiungere l'acqua, ¾ di cucchiaino di sale e la curcuma. Portare il composto a ebollizione. Mettere il riso e riportare il composto a ebollizione. Assaggiare il brodo e condire con altro sale, se necessario. Scegliere il fuoco basso e cuocere per 15 minuti.

Spegnere il fuoco. Lasciate riposare il riso sul fornello, coperto, per 10 minuti.

3. Nel frattempo, in una padella media o padella a fuoco medio-basso, scaldare il restante ¼ di tazza di olio d'oliva. Mescolare i piselli e le carote. Cuocere per 5 minuti.

4. Mescolare i mirtilli rossi e la scorza d'arancia. Spolverare con il sale rimanente e il cayenna. Cuocere per 1 o 2 minuti. Versare il riso su un piatto da portata. Aggiungere i piselli e le carote e cospargere di mandorle tostate.

Nutrizione (per 100g):

- Calorie 460
- Grasso 19g
- Carboidrati 65g
- Proteina 4g
- Sodio 810mg

Risotto agli asparagi

Tempo di preparazione: 15 minuti
Tempo di cottura: 30 minuti
Porzioni: 4
Livello di difficoltà: Difficile
Ingredienti:

- 5 tazze di brodo vegetale, diviso
- 3 cucchiai di burro non salato, divisi
- 1 cucchiaio di olio d'oliva
- 1 cipolla piccola, tritata
- 1½ tazze di riso Arborio
- 1 libbra di asparagi freschi, estremità spuntate, tagliati in pezzi da 1 pollice, punte separate
- ¼ di tazza di parmigiano grattugiato fresco

Indicazioni:

1. Far bollire il brodo vegetale a fuoco medio. Impostare il fuoco al minimo e far sobbollire. Mescolare 2 cucchiai di burro con olio d'oliva. Aggiungere la cipolla e cuocere per 2 o 3 minuti.

2. Mettere il riso e mescolare con un cucchiaio di legno durante la cottura per 1 minuto fino a quando i chicchi sono ben coperti di burro e olio.

3. Mescolare con ½ tazza di brodo caldo. Cuocere e continuare a mescolare fino a quando il brodo è completamente assorbito. Aggiungere i gambi di asparagi e un'altra ½ tazza di brodo. Cuocere e mescolare di tanto in tanto.

4. Continuare ad aggiungere il brodo, ½ tazza alla volta, e cuocere fino a quando è completamente assorbito al momento di

aggiungere la prossima ½ tazza. Mescolare spesso per evitare che si attacchi. Il riso dovrebbe essere cotto ma ancora sodo.

5. Aggiungere le punte di asparagi, il rimanente 1 cucchiaio di burro e il parmigiano. Mescolare vigorosamente per combinare. Togliere dal fuoco, aggiungere altro parmigiano, se si desidera, e servire immediatamente.

Nutrizione (per 100g):

- Calorie 434
- Grasso 14g
- Carboidrati 67g
- Proteine 6g
- Sodio 517mg

Paella di verdure

Tempo di preparazione: 25 minuti
Tempo di cottura: 45 minuti
Porzioni: 6
Livello di difficoltà: Media
Ingredienti:

- ¼ di tazza di olio d'oliva
- 1 cipolla dolce grande
- 1 grande peperone rosso
- 1 grande peperone verde
- 3 spicchi d'aglio tritati finemente
- 1 cucchiaino di paprika affumicata
- 5 fili di zafferano
- 1 zucchina, tagliata a cubetti da ½ pollice
- 4 grandi pomodori maturi, sbucciati, privati dei semi e tritati
- 1½ tazze di riso spagnolo a chicco corto
- 3 tazze di brodo vegetale, riscaldato

Indicazioni:

1. Preriscaldare il forno a 350 °F. Cuocere l'olio d'oliva a fuoco medio. Mescolare la cipolla e i peperoni rossi e verdi e cuocere per 10 minuti.

2. Aggiungere l'aglio, la paprika, i fili di zafferano, le zucchine e i pomodori. Abbassare il fuoco a medio-basso e cuocere per 10 minuti.

3. Aggiungere il riso e il brodo vegetale. Aumentare il calore per portare la paella a ebollizione. Mettere il fuoco a medio-basso e cuocere per 15 minuti. Avvolgere la padella con un foglio di alluminio e metterla in forno.

4. Cuocere per 10 minuti o fino a quando il brodo viene assorbito.

Nutrizione (per 100g):

- Calorie 288
- Grasso 10g
- Carboidrati 46g
- Proteina 3g
- Sodio 671mg

Casseruola di melanzane e riso

Tempo di preparazione: 30 minuti

Tempo di cottura: 35 minuti

Porzioni: 4

Livello di difficoltà: Difficile

Ingredienti:

Per la salsa:

- ½ tazza di olio d'oliva
- 1 cipolla piccola, tritata
- 4 spicchi d'aglio, schiacciati
- 6 pomodori maturi, pelati e tritati
- 2 cucchiai di concentrato di pomodoro
- 1 cucchiaino di origano secco
- ¼ di cucchiaino di noce moscata macinata
- ¼ di cucchiaino di cumino macinato

Per la casseruola:

- 4 (6 pollici) melanzane giapponesi, dimezzate nel senso della lunghezza
- 2 cucchiai di olio d'oliva
- 1 tazza di riso cotto
- 2 cucchiai di pinoli tostati
- 1 tazza di acqua

Indicazioni:

Per fare la salsa:

1. Cuocere l'olio d'oliva in una casseruola dal fondo pesante a fuoco medio. Mettere la cipolla e cuocere per 5 minuti. Aggiungere l'aglio, i pomodori, il concentrato di pomodoro, l'origano, la noce moscata e il cumino. Portare a ebollizione, poi ridurre il calore e cuocere a fuoco lento per 10 minuti. Togliere e mettere da parte.

Per fare la casseruola:

1. Preriscaldare la griglia. Mentre la salsa sobbolle, irrorate le melanzane con l'olio d'oliva e mettetele su una teglia. Cuocere al forno per circa 5 minuti fino a quando sono dorate. Togliere e lasciare raffreddare. Portare il forno a 375 °F. Disporre le melanzane raffreddate, con il lato tagliato verso l'alto, in una teglia da 9 per 13 pollici. Togliete delicatamente un po' di polpa per fare spazio al ripieno.
2. In una ciotola, combinare metà della salsa di pomodoro, il riso cotto e i pinoli. Riempire ogni metà di melanzana con il composto di riso. Nella stessa ciotola, combinare la salsa di pomodoro rimanente e l'acqua. Versare sopra le melanzane. Cuocere, coperto, per 20 minuti fino a quando le melanzane sono morbide.

Nutrizione (per 100g):

- Calorie 453
- Grasso 39g
- Carboidrati29g
- Proteina7g
- Sodio 820mg

Couscous di molte verdure

Tempo di preparazione: 15 minuti

Tempo di cottura: 45 minuti

Porzioni: 8

Livello di difficoltà: Difficile

Ingredienti:

- ¼ di tazza di olio d'oliva
- 1 cipolla, tritata
- 4 spicchi d'aglio, tritati
- 2 peperoni jalapeño, forati con una forchetta in più punti
- ½ cucchiaino di cumino macinato
- ½ cucchiaino di coriandolo macinato
- 1 (28-ounce) lattina di pomodori schiacciati
- 2 cucchiai di concentrato di pomodoro
- 1/8 di cucchiaino di sale
- 2 foglie di alloro
- 11 tazze di acqua, divise
- 4 carote
- 2 zucchine, tagliate in pezzi da 2 pollici
- 1 zucca di ghianda, dimezzata, con semi e tagliata a fette dello spessore di 1 pollice
- 1 (15-ounce) lattina di ceci, scolata e sciacquata
- ¼ di tazza di limoni conservati tritati (opzionale)
- 3 tazze di couscous

Indicazioni:

1. Cuocere l'olio d'oliva in una pentola dal fondo pesante. Mettere la cipolla e cuocere per 4 minuti. Aggiungere l'aglio, i jalapeños, il cumino e il coriandolo. Cuocere per 1 minuto. Aggiungere i

pomodori, il concentrato di pomodoro, il sale, le foglie di alloro e 8 tazze di acqua. Portare il composto a ebollizione.

2. Aggiungere le carote, le zucchine e la zucca e riportare a ebollizione. Ridurre leggermente il calore, coprire e cuocere per circa 20 minuti fino a quando le verdure sono tenere ma non mollicce. Prendi 2 tazze del liquido di cottura e mettilo da parte. Condire come necessario.

3. Aggiungere i ceci e i limoni conservati (se si usa). Cuocere per qualche minuto e spegnere il fuoco.

4. In una pentola media, portare a ebollizione le 3 tazze d'acqua rimanenti a fuoco alto. Mescolare il couscous, coprire e spegnere il fuoco. Lasciare riposare il couscous per 10 minuti. Irrorare con 1 tazza del liquido di cottura riservato. Con una forchetta, sprimacciate il couscous.

5. Ammucchiatelo su un grande piatto da portata. Irrorare con il liquido di cottura rimanente. Estrarre le verdure dalla pentola e disporle sopra. Servire lo stufato rimanente in una ciotola separata.

Nutrizione (per 100g):

- Calorie 415
- Grasso 7g
- Carboidrati 75g
- Proteine 9g
- Sodio 718mg

Pennette con salmone e vodka

Tempo di preparazione: 10 minuti

Tempo di cottura: 18 minuti

Porzioni: 4

Livello di difficoltà: Facile

Ingredienti:

- 14 once di Pennette Rigate
- 7 once di salmone affumicato
- 1,2 once di scalogno
- 1.35 fl. oz. (40ml) di Vodka
- 5 once di pomodori ciliegia
- 7 oz. di panna liquida fresca (consiglio quella vegetale per un piatto più leggero)
- Erba cipollina a piacere
- 3 cucchiai di olio extravergine d'oliva
- Sale a piacere
- Pepe nero a piacere
- Basilico a piacere (per guarnire)

Indicazioni:

1. Lavare e tagliare i pomodori e l'erba cipollina. Dopo aver sbucciato lo scalogno, tritarlo con un coltello, metterlo in una casseruola e lasciarlo marinare in olio extravergine di oliva per qualche istante.

2. Nel frattempo, tagliate il salmone a strisce e soffriggetelo insieme all'olio e allo scalogno.

3. Frullare il tutto con la vodka, facendo attenzione perché ci potrebbe essere una fiammata (se si dovesse alzare una fiamma, non preoccupatevi, si abbasserà non appena l'alcol sarà evaporato

completamente). Aggiungete i pomodori tritati e aggiungete un pizzico di sale e, se vi piace, del pepe. Infine, aggiungere la panna e l'erba cipollina tritata.

4. Mentre la salsa continua a cuocere, preparate la pasta. Una volta che l'acqua bolle, versare le Pennette e lasciarle cuocere al dente.

5. Scolate la pasta e versate le Pennette nel sugo, lasciandole cuocere per qualche istante in modo che assorbano tutto il sapore. Se vi piace, guarnite con una foglia di basilico.

Nutrizione (per 100g):

- Calorie 620
- Grasso 21.9g
- Carboidrati81.7g
- Proteina 24g
- Sodio 326mg

Carbonara di frutti di mare

Tempo di preparazione: 15 minuti

Tempo di cottura: 50 minuti

Porzioni: 3

Livello di difficoltà: Facile

Ingredienti:

- 11,5 once di spaghetti
- 3,5 once di tonno
- 3,5 once di pesce spada
- 3,5 once di salmone
- 6 tuorli
- 4 cucchiai di parmigiano (Parmigiano Reggiano)
- 2 fl. oz. (60ml) di vino bianco
- 1 spicchio d'aglio
- Olio extravergine d'oliva a piacere
- Sale da cucina a piacere
- Pepe nero a piacere

Indicazioni:

1. Preparare l'acqua bollente in una pentola e aggiungere un po' di sale.
2. Nel frattempo, versare 6 tuorli d'uovo in una ciotola e aggiungere il parmigiano grattugiato, il pepe e il sale. Sbattere con una frusta e diluire con un po' d'acqua di cottura della pentola.
3. Togliere le lische dal salmone, le squame dal pesce spada e procedere a tagliare a dadini il tonno, il salmone e il pesce spada.
4. Una volta che bolle, buttare la pasta e cuocerla leggermente al dente.

5. Nel frattempo, scaldare un po' d'olio in una padella grande, aggiungere lo spicchio d'aglio sbucciato intero. Una volta che l'olio è caldo, aggiungere i cubetti di pesce e farli saltare a fuoco vivo per circa 1 minuto. Togliere l'aglio e aggiungere il vino bianco.

6. Una volta che l'alcool evapora, togliere i cubetti di pesce e abbassare il fuoco. Non appena gli spaghetti sono pronti, aggiungerli alla padella e farli saltare per circa un minuto, mescolando costantemente e aggiungendo l'acqua di cottura, se necessario.

7. Versare la miscela di tuorli d'uovo e i cubetti di pesce. Mescolare bene. Servire.

Nutrizione (per 100g):

- Calorie 375
- Grasso 17g
- Carboidrati 41.40g
- Proteine 14g
- Sodio 755 mg

Garganelli con pesto di zucchine e gamberetti

Tempo di preparazione: 10 minuti
Tempo di cottura: 30 minuti
Porzioni: 4
Livello di difficoltà: Media
Ingredienti:

- 14 once di Garganelli all'uovo
- Per il pesto di zucchine:
- 7oz. Zucchini
- 1 tazza di pinoli
- 8 cucchiai di basilico
- 1 cucchiaino di sale da cucina
- 9 cucchiai di olio extravergine d'oliva
- 2 cucchiai di parmigiano da grattugiare
- 1oz. di Pecorino da grattugiare
- Per i gamberi saltati:
- 8.8oz. gamberetti
- 1 spicchio d'aglio
- 7 cucchiaini di olio extravergine d'oliva
- Pizzico di sale

Indicazioni:

<u>Iniziare preparando il pesto:</u>

1. Dopo aver lavato le zucchine, grattugiatele, mettetele in un colino (per fargli perdere un po' di liquido in eccesso) e salatele leggermente. Mettere i pinoli, le zucchine e le foglie di basilico nel frullatore. Aggiungere il parmigiano grattugiato, il pecorino e l'olio extravergine d'oliva.

2. Frullare il tutto fino a quando il composto è cremoso, mescolare con un pizzico di sale e mettere da parte.

<u>Passa ai gamberi:</u>

1. Prima di tutto, estrarre l'intestino tagliando il dorso del gambero con un coltello per tutta la sua lunghezza e, con la punta del coltello, rimuovere il filo nero all'interno.
2. Cuocere lo spicchio d'aglio in una padella antiaderente con olio extravergine d'oliva. Quando è rosolato, togliere l'aglio e aggiungere i gamberi. Saltateli per circa 5 minuti a fuoco medio fino a quando vedrete formarsi una crosticina croccante all'esterno.
3. Poi, fate bollire una pentola d'acqua salata e cuocete i garganelli. Mettere da parte un paio di cucchiai di acqua di cottura e scolare la pasta al dente.
4. Mettete i garganelli nella padella dove avete cotto i gamberi. Cuocere insieme per un minuto, aggiungere un cucchiaio di acqua di cottura e, infine, aggiungere il pesto di zucchine.
5. Mescolare bene il tutto per unire la pasta alla salsa.

Nutrizione (per 100g):
Calorie 776; grassi 46g; carboidrati 68g; proteine 22.5g: Sodio 835mg

Chapter 6. Ricette per la cena

Involtini di spinaci

Tempo di preparazione: 10 minuti
Tempo di cottura: 10 minuti
Porzioni: 4
Ingredienti:

- 4 uova, sbattute
- 1/3 di tazza di latte di mandorla biologico
- ½ cucchiaino di sale
- ½ cucchiaino di pepe bianco
- 1 cucchiaino di burro
- 9 once di petto di pollo, senza pelle e senza ossa, cotto
- 2 tazze di spinaci
- 2 cucchiai di panna pesante

Indicazioni:

1. Mescolare insieme le uova sbattute con il latte di mandorla e il sale.
2. Preriscaldare bene la padella e gettarvi il burro.
3. Scioglierlo.
4. Cuocere 4 crepes nella padella preriscaldata.
5. Nel frattempo, tritare gli spinaci e il petto di pollo.
6. Riempire ogni crepe all'uovo con spinaci tritati, petto di pollo e panna pesante.
7. Arrotolare le crepes e trasferirle sul piatto da portata.

Nutrizione:

- Calorie 220
- Grasso 14,5
- Fibra 0,8
- Carboidrati 2,4
- Proteina 20.1
- Sodio 31%

Pieghevole al formaggio di capra

Tempo di preparazione: 15 minuti
Tempo di cottura: 8 minuti
Porzioni: 4
Ingredienti:

- 8 once di formaggio di capra, sbriciolato
- 5 once di prosciutto, affettato
- 1 tazza di farina di mandorle
- ¼ di tazza di latte di cocco
- 1 cucchiaino di olio d'oliva
- ½ cucchiaino di aneto secco
- 1 cucchiaino di condimento italiano
- ½ cucchiaino di sale

Indicazioni:

1. Nella ciotola di miscelazione, mescolate insieme la farina di mandorle, il latte di cocco, l'olio d'oliva e il sale. Otterrete una pastella liscia.
2. Preriscaldare la padella antiaderente.
3. Separare la pastella in 4 parti. Versare la prima parte della pastella nella padella preriscaldata e cuocerla per 1 minuto da ogni lato.
4. Ripetere gli stessi passi con tutta la pastella.
5. Dopo questo, mescolate insieme il formaggio di capra sbriciolato, l'aneto secco e il condimento italiano.
6. Spalmate ogni pancake di farina di mandorle con il composto di formaggio di capra. Aggiungere il prosciutto affettato e piegarli.

Nutrizione:

- Calorie 402
- Grasso 31,8
- Fibra 1.6
- Carboidrati 5.1
- Proteina 25.1
- Sodio 69%

Torta di crêpe

Tempo di preparazione: 10 minuti
Tempo di cottura: 15 minuti
Porzioni: 8
Ingredienti:

- 1 tazza di farina di mandorle
- 1 tazza di farina di cocco
- ½ tazza di panna pesante
- 1 cucchiaino di lievito in polvere
- ½ cucchiaino di sale
- 10 once di prosciutto, tagliato a fette
- ½ tazza di formaggio cremoso
- 1 cucchiaino di fiocchi di peperoncino
- 1 cucchiaio di coriandolo fresco, tritato
- 4 once di formaggio Cheddar, tagliuzzato

Indicazioni:

1. Preparare le crepes: nella ciotola di miscelazione, mescolare insieme la farina di mandorle, la farina di cocco, la panna pesante, il sale e il lievito in polvere. Frullare il composto.
2. Preriscaldare bene la padella antiaderente e versarvi 1 mestolo di pastella per crepes.
3. Fare le crepes: cuocerle per 1 minuto da ogni lato a fuoco medio.
4. Mescolate insieme crema di formaggio, fiocchi di peperoncino, coriandolo e formaggio Cheddar tagliuzzato.
5. Dopodiché, trasferite la 1a crespella sul piatto. Spalmarla con la miscela di formaggio cremoso. Aggiungere il prosciutto.

6. Ripetere i passaggi fino a quando non si utilizzano tutti gli ingredienti.
7. Cuocere la torta di crêpe per 5 minuti nel forno preriscaldato a 365 °F.
8. Tagliarlo nella porzione e servirlo caldo.

Nutrizione:

- Calorie 272
- Grasso 18,8
- Fibra 6.9
- Carboidrati 13,2
- Proteina 13,4
- Sodio 59%

Zuppa di cocco

Tempo di preparazione: 15 minuti
Tempo di cottura: 25 minuti
Porzioni: 4
Ingredienti:

- 1 tazza di latte di cocco
- 2 tazze di acqua 1 cucchiaino di pasta di curry
- 4 cosce di pollo
- ½ cucchiaino di zenzero fresco, grattugiato
- 1 spicchio d'aglio, tagliato a dadini 1 cucchiaino di burro
- 1 cucchiaino di fiocchi di peperoncino
- 1 cucchiaio di succo di limone

Indicazioni:

1. Mettere il burro nella padella e farlo sciogliere.
2. Aggiungere l'aglio tagliato a dadini e lo zenzero grattugiato. Cuocere gli ingredienti per 1 minuto. Mescolare costantemente.
3. Versare l'acqua nella casseruola, aggiungere il latte di cocco e la pasta di curry. Mescolare il liquido fino a renderlo omogeneo.
4. Aggiungere le cosce di pollo, i fiocchi di peperoncino e la miscela di zenzero cotta. Chiudere il coperchio e cuocere la zuppa per 15 minuti.
5. Poi iniziate a sbattere la zuppa con la frusta a mano e aggiungete il succo di limone.
6. Quando tutto il succo di limone è stato aggiunto, smettete di sbattere. Chiudere il coperchio e cuocere la zuppa per altri 5 minuti a fuoco medio.

7. Poi togliete la zuppa dal fuoco e lasciatela riposare per 15 minuti.

Nutrizione:

- Calorie 318
- Grasso 26
- Fibra 1.4
- Carboidrati 4,2
- Proteina 20,6
- Sodio 14%

Tacos di pesce

Tempo di preparazione: 10 minuti
Tempo di cottura: 5 minuti
Porzioni: 4
Ingredienti:

- 4 foglie di lattuga
- ½ cipolla rossa, tagliata a dadini
- ½ peperone jalapeno, tritato
- 1 cucchiaio di olio d'oliva
- 1 libbra di filetto di merluzzo
- 1 cucchiaio di succo di limone
- ¼ di cucchiaino di coriandolo macinato

Indicazioni:

1. Cospargere il filetto di merluzzo con ½ cucchiaio di olio d'oliva e coriandolo macinato.
2. Preriscaldare bene la griglia.
3. Grigliate il pesce per 2 minuti da ogni lato. Il pesce cotto ha un colore marrone chiaro.
4. Dopo questo, mescolate insieme la cipolla rossa tagliata a dadini, il peperone jalapeno tritato, l'olio d'oliva rimanente e il succo di limone.
5. Tagliare il filetto di merluzzo alla griglia in 4 pezzi.
6. Mettere il pesce nelle foglie di lattuga. Aggiungere un misto di cipolle rosse sul pesce e trasferire i tacos nei piatti da portata.

Nutrizione:

- Calorie 157
- Grasso 4,5
- Fibra 0,4
- Carboidrati 1,6
- Proteina 26.1
- Sodio 37%

Insalata Cobb

Tempo di preparazione: 10 minuti
Tempo di cottura: 5 minuti
Porzioni: 2
Ingredienti:

- 2 once di pancetta, tagliata a fette
- 1 uovo sodo, sbucciato
- ½ pomodoro, tritato
- 1 oz. di formaggio blu
- 1 cucchiaino di erba cipollina
- 1/3 di tazza di lattuga, tritata
- 1 cucchiaio di maionese
- 1 cucchiaio di succo di limone

Indicazioni:

1. Mettere la pancetta nella padella preriscaldata e arrostirla 1,5 minuti da ogni lato.
2. Quando la pancetta è cotta, tritatela grossolanamente e trasferitela nell'insalatiera.
3. Tritare le uova grossolanamente e aggiungere anche queste all'insalatiera.
4. Dopo questo, aggiungere il pomodoro tritato, l'erba cipollina e la lattuga.
5. Tritare il formaggio blu e aggiungerlo all'insalata.
6. Poi fare il condimento: sbattere insieme la maionese con il succo di limone.
7. Versare la miscela sull'insalata e scuotere un po'.

Nutrizione:

- Calorie 270
- Grasso 20,7
- Fibra 0,3
- Carboidrati 3,7
- Proteina 16,6
- Sodio 43%

Zuppa di formaggio

Tempo di preparazione: 10 minuti
Tempo di cottura: 15 minuti
Porzioni: 3
Ingredienti:

- 2 cipolle bianche, sbucciate, tagliate a dadini
- 1 tazza di formaggio Cheddar, tagliuzzato
- ½ tazza di panna pesante
- ½ tazza di acqua
- 1 cucchiaino di pepe nero macinato
- 1 cucchiaio di burro
- ½ cucchiaino di sale

Indicazioni:

1. Versare l'acqua e la panna pesante nella casseruola.
2. Portare a ebollizione.
3. Nel frattempo, far saltare il burro in padella, aggiungere le cipolle tagliate a dadini e farle soffriggere.
4. Quando le cipolle sono traslucide, trasferirle nel liquido bollente.
5. Aggiungere il pepe nero macinato, il sale e il formaggio. Cuocere la zuppa per 5 minuti.
6. Poi lasciarlo raffreddare un po' e versarlo nelle ciotole.

Nutrizione:

- Calorie 286 ; Grasso 23,8
- Fibra 1.8; Carboidrati 8,3
- Proteina 10.7; Sodio 29%

Tartare di tonno

Tempo di preparazione: 10 minuti
Tempo di cottura: 0 minuti
Porzioni: 4
Ingredienti:

- 1 libbra di bistecca di tonno
- 1 cucchiaio di maionese
- 3 once di avocado, tritato
- 1 cetriolo, tritato
- 1 cucchiaio di succo di limone
- 1 cucchiaino di pepe di Caienna
- 1 cucchiaino di salsa di soia
- 1 cucchiaino di erba cipollina
- ½ cucchiaino di semi di cumino
- 1 cucchiaino di olio di canola

Indicazioni:

1. Tritare la bistecca di tonno e metterla nella grande ciotola.
2. Aggiungere l'avocado, il cetriolo e l'erba cipollina.
3. Mescolate insieme succo di limone, pepe di cayenna, salsa di soia, semi di cumino, olio di canola e maionese.
4. Aggiungere il liquido misto al composto di tonno e mescolare bene.
5. Disporre la tartare di tonno sui piatti da portata.

Nutrizione:

- Calorie 292
- Grasso 13,9
- Fibra 2
- Carboidrati 6
- Proteina 35.1
- Sodio 22%

Zuppa di vongole

Tempo di preparazione: 5 minuti
Tempo di cottura: 15 minuti
Porzioni: 3
Ingredienti:

- 1 tazza di latte di cocco
- 1 tazza d'acqua 6 once di vongole tritate
- 1 cucchiaino di erba cipollina ½ cucchiaino di pepe bianco
- ¾ di cucchiaino di fiocchi di peperoncino ½ cucchiaino di sale
- 1 tazza di cimette di broccoli, tritate

Indicazioni:

1. Versare il latte di cocco e l'acqua nella casseruola.
2. Aggiungere le vongole tritate, l'erba cipollina, il pepe bianco, i fiocchi di peperoncino, il sale e le cimette di broccoli.
3. Chiudere il coperchio e cuocere la zuppa a fuoco medio-basso per 15 minuti o finché tutti gli ingredienti sono morbidi.
4. Si raccomanda di servire la zuppa calda.

Nutrizione:

- Calorie 139
- Grasso 9,8
- Fibra 1.1
- Carboidrati 10,8
- Proteina 2.4
- Sodio 44%

Insalata di manzo asiatico

Tempo di preparazione: 10 minuti
Tempo di cottura: 25 minuti
Porzioni: 4
Ingredienti:

- 14 once di petto di manzo
- 1 cucchiaino di semi di sesamo
- ½ cucchiaino di semi di cumino
- 1 cucchiaio di aceto di sidro di mele
- 1 cucchiaio di olio di avocado
- 1 peperone rosso, affettato
- 1 cipolla bianca, affettata
- 1 cucchiaino di burro
- 1 cucchiaino di pepe nero macinato
- 1 cucchiaino di salsa di soia
- 1 spicchio d'aglio, affettato
- 1 tazza di acqua per la cottura

Indicazioni:

1. Affettare la punta di manzo e metterla nella pentola. Aggiungere acqua e chiudere il coperchio.
2. Cuocere il manzo per 25 minuti.
3. Poi scolare l'acqua e trasferire la punta di manzo nella padella.
4. Aggiungere il burro e arrostirlo per 5 minuti.
5. Mettere la punta di manzo cotta nell'insalatiera.

6. Aggiungere i semi di sesamo, i semi di cumino, l'aceto di sidro di mele, l'olio di avocado, il peperone affettato, la cipolla, il pepe nero macinato e la salsa di soia.

7. Cospargere l'insalata con l'aglio e mescolare.

Nutrizione:

- Calorie 227
- Grasso 8.1
- Fibra 1.4
- Carboidrati 6
- Proteina 31.1
- Sodio 83%

Carbonara

Tempo di preparazione: 10 minuti
Tempo di cottura: 25 minuti
Porzioni: 6
Ingredienti:

- 3 zucchine, tagliate
- 1 tazza di panna pesante
- 5 once di pancetta, tritata
- 2 tuorli d'uovo
- 4 once di formaggio Cheddar, grattugiato
- 1 cucchiaio di burro
- 1 cucchiaino di fiocchi di peperoncino
- 1 cucchiaino di sale
- ½ tazza di acqua, per la cottura

Indicazioni:

1. Fate i noodles di zucchine con l'aiuto dello spiralizer.
2. Mettere la pancetta nella padella e arrostirla per 5 minuti a fuoco medio. Mescolare di tanto in tanto.
3. Nel frattempo, nella casseruola, mescolate insieme la panna pesante, il burro, il sale e i fiocchi di peperoncino.
4. Aggiungete il tuorlo d'uovo e sbattete il composto fino a renderlo liscio.
5. Iniziare a preriscaldare il liquido, mescolare costantemente.
6. Quando il liquido comincia a bollire, aggiungere il formaggio grattugiato e la pancetta fritta. Mescolare e chiudere il coperchio. Soffriggere a fuoco basso per 5 minuti.

7. Nel frattempo, mettere i noodles di zucchine nella padella dove era la pancetta e arrostirli per 3 minuti.

8. Poi versare la miscela di panna pesante sulle zucchine e mescolare bene. Cuocere ancora per 1 minuto e trasferire nei piatti di servizio.

Nutrizione:

- Calorie 324
- Grasso 27,1
- Fibra 1.1
- Carboidrati 4,6
- Proteina 16
- Sodio 65%

Zuppa di cavolfiore con semi

Tempo di preparazione: 10 minuti
Tempo di cottura: 20 minuti
Porzioni: 4
Ingredienti:

- 2 tazze di cavolfiore
- 1 cucchiaio di semi di zucca
- 1 cucchiaio di semi di chia
- ½ cucchiaino di sale
- 1 cucchiaino di burro
- ¼ di cipolla bianca, tagliata a dadini
- ½ tazza di crema di cocco
- 1 tazza di acqua
- 4 oz. di parmigiano, grattugiato
- 1 cucchiaino di paprika
- 1 cucchiaio di coriandolo secco

Indicazioni:

1. Tritare il cavolfiore e metterlo nella casseruola.
2. Aggiungere il sale, il burro, la cipolla tagliata a dadini, la paprika e il coriandolo secco.
3. Cuocere il cavolfiore a fuoco medio per 5 minuti.
4. Poi aggiungere la crema di cocco e l'acqua.
5. Chiudere il coperchio e far bollire la zuppa per 15 minuti.
6. Poi frullare la zuppa con l'aiuto di un frullatore a mano.
7. Portare a ebollizione di nuovo.
8. Aggiungere il formaggio grattugiato e mescolare bene.

9. Versare la zuppa nelle ciotole di servizio e coprire ogni ciotola con semi di zucca e semi di chia.

Nutrizione:

- Calorie 214
- Grasso 16,4
- Fibra 3.6
- Carboidrati 8.1
- Proteina 12.1
- Sodio 43%

Asparagi avvolti nel prosciutto

Tempo di preparazione: 15 minuti
Tempo di cottura: 20 minuti
Porzioni: 6
Ingredienti:

- 2 libbre di asparagi
- 8 once di prosciutto crudo, tagliato a fette
- 1 cucchiaio di burro fuso
- ½ cucchiaino di pepe nero macinato
- 4 cucchiai di panna pesante
- 1 cucchiaio di succo di limone

Indicazioni:

1. Tagliare le fette di prosciutto a strisce.
2. Avvolgere gli asparagi in strisce di prosciutto e metterli sul vassoio.
3. Cospargere le verdure con pepe nero macinato, panna pesante e succo di limone. Aggiungere il burro.
4. Preriscaldare il forno a 365 °F.
5. Mettere il vassoio con gli asparagi nel forno e cuocere per 20 minuti.
6. Servire il pasto cotto solo caldo.

Nutrizione:

- Calorie 138 ; Grasso 7,9
- Fibra 3.2 ; Carboidrati 6,9
- Proteina 11,5 ; Sodio 3%

Chapter 7. Ricette di dessert

Burro di anacardi e mandorle

Tempo di preparazione: 5 minuti
Tempo di cottura: Nullo
Porzioni: 1 e ½ tazze
Ingredienti:

- 1 tazza di mandorle, sbollentate
- 1/3 di tazza di anacardi
- 2 cucchiai di olio di cocco
- Semi di girasole secondo necessità
- ½ cucchiaino di cannella

Indicazioni:

1. Preriscaldare il forno a 350 ° F.
2. Cuocere mandorle e anacardi per 12 minuti.
3. Lasciateli raffreddare.
4. Trasferire nel robot da cucina e aggiungere i restanti ingredienti.
5. Aggiungete l'olio e continuate a frullare fino a quando non diventa liscio.
6. Servire e godere!

Nutrizione:

- Calorie: 205
- Grasso: 19g
- Carboidrati: g
- Proteina: 2.8g
- Sodio 9%

Il rinfrescante Nutter

Tempo di preparazione: 10 minuti

Tempo di cottura: 0 minuti

Porzioni: 1

Ingredienti:

- 1 cucchiaio di semi di chia
- 2 tazze di acqua
- 1 oncia di noci di macadamia
- 1-2 pacchetti di Stevia, opzionale
- 1 oncia di nocciola

Indicazioni:

1. Aggiungere tutti gli ingredienti elencati in un frullatore.
2. Frullare ad alta velocità fino a che non sia liscio e cremoso.
3. Godetevi il vostro frullato.

Nutrizione:

- Calorie: 452
- Grasso: 43g
- Carboidrati: 15g
- Proteine: 9g
- Sodio 1%

Eleganti muffin al mirtillo rosso

Tempo di preparazione: 10 minuti
Tempo di cottura: 20 minuti
Dosi: 24 muffin
Ingredienti:

- 2 tazze di farina di mandorle
- 2 cucchiaini di bicarbonato di sodio
- ¼ di tazza di olio di avocado
- 1 uovo intero
- ¾ di tazza di latte di mandorla
- ½ tazza di eritritolo
- ½ tazza di salsa di mele
- Zest di 1 arancia
- 2 cucchiaini di cannella macinata
- 2 tazze di mirtilli freschi

Indicazioni:

1. Preriscaldare il forno a 350 ° F.
2. Foderare una teglia per muffin con pirottini di carta per muffin e tenerli da parte.
3. Aggiungere la farina, il bicarbonato e tenerlo da parte.
4. Prendere un'altra ciotola e sbattere i restanti ingredienti e aggiungere la farina, mescolare bene.
5. Versare la pastella nella teglia per muffin preparata e cuocere per 20 minuti.
6. Una volta fatto, lasciatelo raffreddare per 10 minuti.
7. Servire e godere!

Nutrizione:

- Calorie: 354
- Carboidrati totali: 7g
- Fibra: 2g
- Proteine: 2.3g
- Grasso: 7g
- Sodio 77%

Muffin di mele e mandorle

Tempo di preparazione: 10 minuti
Tempo di cottura: 20 minuti
Porzioni: 6 muffin
Ingredienti:

- 6 once di mandorle macinate
- 1 cucchiaino di cannella
- ½ cucchiaino di lievito in polvere
- 1 pizzico di semi di girasole
- 1 uovo intero
- 1 cucchiaino di aceto di sidro di mele
- 2 cucchiai di eritritolo
- 1/3 di tazza di salsa di mele

Indicazioni:

1. Preriscaldare il forno a 350 ° F.
2. Foderare la teglia per muffin con i pirottini di carta per muffin, e tenerli da parte.
3. Mescolare le mandorle, la cannella, il lievito, i semi di girasole e tenerlo da parte.
4. Prendete un'altra ciotola e sbattete le uova, l'aceto di sidro di mele, la salsa di mele, l'eritritolo.
5. Aggiungere il mix agli ingredienti secchi e mescolare bene fino ad ottenere una pastella liscia.
6. Versare la pastella nella teglia e cuocere per 20 minuti.
7. Una volta fatto, lasciateli raffreddare.
8. Servire e godere!

Nutrizione:

- Calorie: 234
- Carboidrati totali: 10
- Fibra: 4g
- Proteine: 13g
- Grasso: 17g
- Sodio 47%

Parfait al cioccolato alla moda

Tempo di preparazione: 2 ore
Tempo di cottura: zero
Porzioni: 4
Ingredienti:

- 2 cucchiai di cacao in polvere
- 1 tazza di latte di mandorla
- 1 cucchiaio di semi di chia
- ½ cucchiaino di estratto di vaniglia

Indicazioni:

1. Prendete una ciotola e aggiungete il cacao in polvere, il latte di mandorla, i semi di chia, l'estratto di vaniglia e mescolate.
2. Trasferire in un bicchiere da dessert e mettere in frigo per 2 ore.
3. Servire e godere!

Nutrizione:

- Calorie: 130
- Grasso: 5g
- Carboidrati: 7g
- Proteine: 16g
- Sodio 4%

Bomba Matcha suprema

Tempo di preparazione: 100 minuti
Tempo di cottura: Nullo
Porzioni: 10
Ingredienti:

- 3/4 di tazza di semi di canapa
- ½ tazza di olio di cocco
- 2 cucchiai di burro di mandorle al cocco
- 1 cucchiaino di polvere di Matcha
- 2 cucchiai di estratto di baccello di vaniglia
- Stevia liquida

Indicazioni:

1. Prendete il vostro frullatore / robot da cucina e aggiungete i semi di canapa, l'olio di cocco, il Matcha, l'estratto di vaniglia e la stevia.
2. Mescolate fino ad avere una bella pastella e dividete in stampi di silicone.
3. Sciogliere il burro di cocco e mandorle e versare sopra.
4. Lasciate raffreddare le tazze e godetevele!

Nutrizione:

- Calorie: 200
- Grasso: 20g
- Carboidrati: 3g
- Proteine: 5g
- Sodio 6%

Mesmerizing Avocado and Chocolate Pudding

Tempo di preparazione: 30 minuti
Tempo di cottura: Nullo
Porzioni: 2
Ingredienti:

- 1 avocado, tagliato a pezzi
- 1 cucchiaio di dolcificante naturale come la stevia
- 2 once di formaggio cremoso, a temperatura ambiente
- ¼ di cucchiaino di estratto di vaniglia
- 4 cucchiai di cacao in polvere, non zuccherato

Indicazioni:

1. Frullare gli ingredienti elencati in un frullatore fino a renderli lisci.
2. Dividere la miscela tra le ciotole da dessert, raffreddare per 30 minuti.
3. Servire e godere!

Nutrizione:

- Calorie: 281
- Grasso: 27g
- Carboidrati: 12g
- Proteine: 8g
- Sodio 18%

Budino sostanzioso all'ananas

Tempo di preparazione: 10 minuti
Tempo di cottura: 5 ore
Porzioni: 4
Ingredienti:

- 1 cucchiaino di lievito in polvere
- 1 tazza di farina di cocco
- 3 cucchiai di stevia
- 3 cucchiai di olio di avocado
- ½ tazza di latte di cocco
- ½ tazza di noci pecan, tritate
- ½ tazza di ananas, tritata
- ½ tazza di scorza di limone, grattugiata
- 1 tazza di succo d'ananas, naturale

Indicazioni:

1. Ungere lo Slow Cooker con olio.
2. Prendete una ciotola e mescolate farina, stevia, lievito, olio, latte, noci pecan, ananas, scorza di limone, succo d'ananas e mescolate bene.
3. Versare la miscela nel fornello lento.
4. Mettere il coperchio e cuocere a BASSO per 5 ore.
5. Dividere tra le ciotole e servire.
6. Buon divertimento!

Nutrizione: Calorie: 188 ; Grasso: 3g; Carboidrati: 14g

- Proteine: 5g ; Sodio 5%

Sana crostata di bacche

Tempo di preparazione: 10 minuti
Tempo di cottura: 2 ore e 30 minuti
Porzioni: 8
Ingredienti:

- 1 ¼ di tazza di farina di mandorle
- 1 tazza di zucchero di cocco
- 1 cucchiaino di lievito in polvere
- ½ cucchiaino di cannella in polvere
- 1 uovo intero
- ¼ di tazza di latte magro
- 2 cucchiai di olio d'oliva
- 2 tazze di lamponi
- 2 tazze di mirtilli

Indicazioni:

1. Prendete una ciotola e aggiungete la farina di mandorle, lo zucchero di cocco, il lievito e la cannella.
2. Mescolare bene.
3. Prendete un'altra ciotola e aggiungete l'uovo, il latte, l'olio, i lamponi, i mirtilli e mescolate.
4. Unire entrambe le miscele.
5. Ungi il tuo Slow Cooker.
6. Versa il composto combinato nel tuo Slow Cooker e cuoci su HIGH per 2 ore e 30 minuti.
7. Dividere tra le ciotole di servizio e gustare!

Nutrizione:

- Calorie: 250
- Grasso: 4g
- Carboidrati: 30g
- Proteine: 3g
- Sodio 1%

Gustose mele in camicia

Tempo di preparazione: 10 minuti
Tempo di cottura: 2 ore e 30 minuti
Porzioni: 8
Ingredienti:

- 6 mele, torsolo, buccia e fette
- 1 tazza di succo di mela, naturale
- 1 tazza di zucchero di cocco
- 1 cucchiaio di cannella in polvere

Indicazioni:

1. Ungere lo Slow Cooker con spray da cucina.
2. Aggiungete le mele, lo zucchero, il succo e la cannella nel vostro Slow Cooker.
3. Mescolare delicatamente.
4. Mettere il coperchio e cuocere su HIGH per 4 ore.
5. Servire freddo e godere!

Nutrizione:

- Calorie: 180
- Grasso: 5g
- Carboidrati: 8g
- Proteine: 4g
- Sodio 2%

Trail Mix fatto in casa per il viaggio

Tempo di preparazione: 10 minuti
Tempo di cottura: 55 minuti
Porzioni: 4
Ingredienti:

- ¼ di tazza di anacardi crudi
- ¼ di tazza di mandorle
- ¼ di tazza di noci
- 1 cucchiaino di cannella
- 2 cucchiai di olio di cocco fuso
- Semi di girasole secondo necessità

Indicazioni:

1. Foderare la teglia con carta da forno. Preriscaldare il forno a 275 ° F. Sciogliere l'olio di cocco e tenerlo da parte.
2. Unire le noci in una grande ciotola e aggiungere la cannella e l'olio di cocco fuso. Mescolare. Cospargere di semi di girasole.
3. Mettere in forno e rosolare per 6 minuti. Buon appetito!

Nutrizione:

- Calorie: 363
- Grasso: 22g
- Carboidrati: 41g
- Proteine: 7g
- Sodio 13%

Budino di riso alla cannella che scalda il cuore

Porzioni: 4

Tempo di preparazione: 10 minuti

Tempo di cottura: 5 ore

Ingredienti:

- 6 ½ tazze di acqua
- 1 tazza di zucchero di cocco 2 tazze di riso bianco
- 2 bastoncini di cannella ½ tazza di cocco, tritato

Indicazioni:

1. Aggiungete l'acqua, il riso, lo zucchero, la cannella e la noce di cocco nel vostro Slow Cooker. Mescolare delicatamente. Mettere il coperchio e cuocere su HIGH per 5 ore. Eliminare la cannella. Dividere il budino tra i piatti da dessert e gustare!

Nutrizioni:

- Calorie: 173
- Grasso: 4g
- Carboidrati: 9g
- Proteine: 4g
- Sodio 12%

Budino di avocado puro

Porzioni: 4
Tempo di preparazione: 3 ore
Tempo di cottura: zero
Ingredienti:

- 1 tazza di latte di mandorla
- 2 avocado, sbucciati e snocciolati
- ¾ di tazza di cacao in polvere
- 1 cucchiaino di estratto di vaniglia
- 2 cucchiai di stevia ¼ di cucchiaino di cannella
- Noci, tritate per servire

Indicazioni:

1. Aggiungere gli avocado in un frullatore e frullare bene.
2. Aggiungere il cacao in polvere, il latte di mandorla, la stevia, l'estratto del baccello di vaniglia e dare un buon impulso al composto. Versare in ciotole di servizio e coprire con le noci. Raffreddare per 2-3 ore e servire!

Nutrizione:

- Calorie: 221 ;Grasso: 8g
- Carboidrati: 7g; Proteine: 3g
- Sodio 10%

Bombe di grasso alle mandorle dolci e cocco

Porzioni: 6

Tempo di preparazione: 10 minuti

Tempo di cottura: 0 minuti

Tempo di congelamento: 20 minuti

Ingredienti:

- ¼ di tazza di olio di cocco fuso
- 9 ½ cucchiai di burro di mandorle
- 90 gocce di stevia liquida
- 3 cucchiai di cacao
- 9 cucchiai di burro di mandorle fuso, semi di girasole

Indicazioni:

1. Prendete una ciotola e aggiungete tutti gli ingredienti elencati. Mescolateli bene.
2. Versare 2 cucchiai del composto in tanti stampi per muffin quanti sono i vostri desideri.
3. Raffreddare per 20 minuti e tirarli fuori. Servire e godere!

Nutrizione:

- Carboidrati totali: 2g; Fibra: 0g
- Proteine: 2.53g; Grassi: 14g
- Sodio 78%

Torta mug speziata Popper

Porzioni: 2
Tempo di preparazione: 5 minuti
Tempo di cottura: 5 minuti
Ingredienti:

- 2 cucchiai di farina di mandorle
- 1 cucchiaio di farina di semi di lino
- 1 cucchiaio di burro di mandorle
- 1 cucchiaio di formaggio cremoso
- 1 uovo grande
- 1 pancetta, cotta e affettata
- ½ peperone jalapeno
- ½ cucchiaino di lievito in polvere
- ¼ di cucchiaino di semi di girasole

Indicazioni:

1. Prendere una padella e metterla a fuoco medio.
2. Aggiungere la fetta di pancetta e cuocere fino a quando non ha una consistenza croccante.
3. Prendete un contenitore a prova di microonde e mescolate tutti gli ingredienti elencati (compresa la pancetta cotta), pulite i lati.
4. Cuocere al microonde per 75 secondi, facendo in modo di mettere il microonde ad alta potenza.
5. Tirate fuori la tazza e battetela contro una superficie per estrarre il dolce.
6. Guarnire con un po' di jalapeno e servire!

Nutrizione:

- Calorie: 429
- Grasso: 38g
- Carboidrati: 6g
- Proteine: 16g
- Sodio 20%